AF533133

Michael F. Feldkamp

Adenauer,
die Alliierten und
das Grundgesetz

Michael F. Feldkamp

Adenauer,
die Alliierten und das Grundgesetz

Titelbild: »Die Teppichrede«, Berlin 2022 © Günay Shamsi (Berlin/Baku)
Von links nach rechts Bundesminister der Finanzen Fritz Schäffer, Bundesminister der Justiz Thomas Dehler, Bundesminister für gesamtdeutsche Fragen Jakob Kaiser, Bundeskanzler Konrad Adenauer und Bundesminister für Angelegenheiten des Marshallplanes Franz Blücher

Fotografien im Buch:
Bestand Erna Wagner-Hehmke, Stiftung Haus der Geschichte der Bundesrepublik Deutschland

Umschlaggestaltung: Wolfgang Heinzel
Satz: Satzwerk Huber, Germering
Druck und Binden: CPI books GmbH, Leck
Printed in Germany
ISBN 978-3-7844-3654-8

www.langenmueller.de

Inhaltsverzeichnis

Zur Einführung

Die Unterzeichnung des Grundgesetzes für die Bundesrepublik Deutschland am 23. Mai 1949 war bis zur deutschen Wiedervereinigung am 3. Oktober 1990 das zentrale Ereignis in der deutschen Geschichte nach dem Zweiten Weltkrieg.

Im vorliegenden Buch wird an die bewegten Monate der Vor- und Frühgeschichte der Bundesrepublik Deutschland erinnert. Dabei rücken erstmals Konrad Adenauer und die westlichen Alliierten in den Fokus. Beide sind die politischen Hauptakteure vom September 1948 bis Mai 1949: Die westalliierten Siegermächte hatten den Deutschen den Auftrag zur Abfassung einer Verfassung für einen westdeutschen Staat erteilt. Adenauer hat als Präsident des Parlamentarischen Rates und später als erster Bundeskanzler der Bundesrepublik Deutschland federführend die Verhandlungen mit den Alliierten geführt. Er hat deutscher Nachkriegspolitik sein Gesicht und einer ganzen Epoche der deutschen Geschichte, der Adenauer-Ära, seinen Namen verliehen.

Bemerkenswerterweise sind die deutschen Archivalien im Wesentlichen erst in den 1990er Jahren publiziert worden, während die amerikanischen Akten in wissenschaftlichen Editionen der Forschung schon Mitte der 1970er Jahre zur Verfügung gestellt wurden. Aber auch sie wurden für die Vorgeschichte der Bundesrepublik Deutschland kaum rezipiert. Britische und französische Akten sind bislang so gut wie gar nicht herangezogen worden.

Aus dieser Aktendichte heraus ist eine vielfach neue Sichtweise auf die Entstehungsgeschichte des Grundgesetzes und damit die Vorgeschichte der Bundesrepublik Deutschland entstanden. Es konnten Vorgänge entfaltet werden, die zeitgenössisch selbst dem gut informierten Konrad Adenauer vollständig unbekannt waren. Es bot sich an, die Geschichte neu zu erzählen.

Bis in die heutige Zeit stand und steht der Vorwurf im Raum, das Grundgesetz sei ein Diktat der Alliierten. Umso lauter waren die Forderungen, eine neue und deutsche Verfassung zu erarbeiten. Die Dokumente von 1948 und 1949, auf alliierter wie auf deutscher Seite, die hier zum ersten Mal umfänglich einer gemeinsamen Auswertung unterzogen worden sind, belegen das ernsthafte Ringen und den parteipolitischen Schlagabtausch der Mitglieder des Parlamentarischen Rates um eine zeitgemäße Verfassung für die Bundesrepublik Deutschland, die angesichts der deutschen Teilung nur Grundgesetz heißen sollte.

In den ersten Wochen nach der Gründung der Bundesrepublik Deutschland (7. September 1949) gab es zwei zentrale Ereignisse, die noch in unmittelbarem Kontext der Bonner Verfassungsschöpfung standen.

Als Erstes ist der Antrittsbesuch Adenauers und einiger Kabinettsmitglieder bei den Alliierten Hohen Kommissaren auf dem Petersberg bei Bonn am 21. September 1949 zu nennen. Die von den Alliierten choreographierte Begegnung, bei der Adenauer seine »Teppichrede« hielt, wurde von der Künstlerin Günay Shamsi für das Titelbild festgehalten. An diesem Tag trat auch das Besatzungsstatut in Kraft, dessen Entstehung die Grundgesetzarbeit vom ersten Tag an begleitet hatte.

Das zweite Ereignis war der Zwischenruf des Vorsitzenden der SPD-Bundestagsfraktion Kurt Schumacher: »Der Bundeskanzler der Alliierten!« Die Bedeutung erschließt sich vollends nur aus den Vorkommnissen im Parlamentarischen Rat und den Begegnungen mit den Alliierten. Das Zitat begründete zugleich den bis heute immer wieder nacherzählten bundesrepublikanischen Gründungsmythos von der alliierten Einflussnahme auf deutsche Politiker. Mit dieser Begebenheit vom November 1949 findet die vorliegende Erzählung, die mit dem Kriegsende 1945 beginnt, ihren Abschluss.

Michael F. Feldkamp
Berlin, den 23. Januar 2023

1. Besiegt! Besetzt! Befreit! – Die alliierten Siegermächte in Deutschland

Kriegsende

Der Zweite Weltkrieg hätte in Europa schon im Winter 1944/45 zu Ende sein können. Aber statt aufgrund der verheerenden militärischen Lage zu kapitulieren, verschloss sich der »Führer und Reichskanzler« Adolf Hitler den Realitäten, ließ den »Totalen Krieg« ausrufen und schickte alles, was verfügbar war, in die letzten Gefechte: Waffen und Menschen. Alte Männer wurden zum »Volkssturm« eingezogen; Kinder der Hitlerjugend wurden mit Panzerfäusten bewaffnet und auf die Straßen geschickt. Wer sich weigerte, wurde kurzerhand von spontan gebildeten Standgerichten der Wehrmacht und Waffen-SS als Verräter hingerichtet.

Am 27. Januar 1945 erreichte die Sowjetarmee deutschen Boden und konnte die Häftlinge des Konzentrations- und Vernichtungslagers Auschwitz befreien. Am 21. April 1945 stand die »Rote Armee« an der Stadtgrenze von Berlin und am Abend des 29. April 1945 am Brandenburger Tor. Erst am 2. Mai war mit dem russischen »Kampf um den Reichstag« auch der Kampf um Deutschland zu Ende.

Hitler hatte sich seiner Verantwortung am 30. April 1945 durch Selbstmord entzogen. Sein Nachfolger, Großadmiral Karl Dönitz, beauftragte Generaloberst Alfred Jodl, die Kapitulationsverhandlungen im Hauptquartier des Oberbefehlshabers der alliierten Streitkräfte in Europa, Dwight D. Eisenhower, im französischen Reims zu führen. Er unterzeichnete am 7. Mai 1945 die bedingungslose Kapitulation der deutschen Wehrmacht. Sie trat am 8. Mai 1945 um 23 Uhr in Kraft.

Kurz nach Mitternacht des 9. Mai unterzeichnete Generalfeldmarschall Wilhelm Keitel, der Chef des Oberkommandos der deutschen Wehrmacht, die Kapitulationsurkunde im Hauptquartier der sowjetischen Armee in Berlin-Karlshorst. In Moskau feiert man seitdem den 9. Mai als »Tag des Sieges« über Deutschland.

Der Zweite Weltkrieg war zunächst nur in Europa zu Ende. Der Krieg im Pazifik, der am 7. Dezember 1941 mit dem japanischen Überfall auf den amerikanischen Militärstützpunkt Pearl Harbor begonnen hatte, erreichte mit den amerikanischen Atombombenabwürfen auf die Städte Hiroshima und Nagasaki am 6. und 9. August 1945 seinen traurigen Tiefpunkt. Mit der Kapitulation Japans am 2. September 1945 endete der Zweite Weltkrieg auch im pazifischen Raum.

Deutschland war 1945 politisch, militärisch, ökonomisch und moralisch zerstört und hatte zugleich die ganze Welt in den Abgrund gestürzt.

Weltweit hatte der Krieg 60 Millionen Menschenleben gekostet, darunter waren 6 Millionen Juden und Hunderttausende Sinti und Roma, die zivilen Opfer in den Bombennächten und schließlich die an Hunger, Kälte und Gewalt auf der großen und beispiellosen Fluchtbewegung Verstorbenen. Circa 17 Millionen Menschen galten 1945 als verschollen.

Rund 14 Millionen Deutsche waren in den ehemaligen Ostgebieten des Deutschen Reiches auf der Flucht oder vertrieben worden. Geschätzt 5,7 Millionen Soldaten der Roten Armee starben während der Kriegsgefangenschaft. Nur 2 Millionen der insgesamt 3,2 Millionen deutschen Kriegsgefangenen kehrten aus der Sowjetunion nach Deutschland zurück – die letzten im Januar 1956. Bis heute ist das Schicksal von 1,3 Millionen deutschen Militärangehörigen ungeklärt.

Die Paradoxie des 8. Mai 1945

Noch im Parlamentarischen Rat, vier Jahre nach der Kapitulation, am 8. Mai 1949, formulierte der FDP-Fraktionsvorsitzende und spätere Präsident der Bundesrepublik Deutschland Theodor Heuss treffsicher:

»Im Grunde genommen bleibt dieser 8. Mai 1945 die tragischste und fragwürdigste Paradoxie für jeden von uns. Warum denn? Weil wir erlöst und vernichtet in einem gewesen sind.«

Die Paradoxie des 8. Mai trat im Laufe der Jahrzehnte zusehends in den Hintergrund. Es wurde verdrängt, dass der Tag für den Beginn von Vertreibungsterror und erneuter Unterdrückung im Osten Deutschlands stand sowie für den Beginn der deutschen Teilung. Diese historischen Ereignisse wurden mit der Begehung des »8. Mai« als »Tag der Befreiung vom Nationalsozialismus«, insbesondere in der Sowjetischen Besatzungszone (SBZ), beziehungsweise der späteren DDR, ausgeblendet und relativiert.

Insbesondere Bundespräsident Richard von Weizsäcker hat in seiner viel beachteten Rede zur Wiederkehr des Kriegsendes am 8. Mai 1985 an die Worte von Theodor Heuss angeknüpft. Weizsäcker war der erste Politiker in der Bundesrepublik Deutschland, der die Befreiung vom Nationalsozialismus in den Mittelpunkt seiner Betrachtungen rückte. Gleichwohl hatte er auch betont:

»Niemand wird um dieser Befreiung willen vergessen, welche schweren Leiden für viele Menschen mit dem 8. Mai erst begannen und danach folgten. Aber wir dürfen nicht im Ende des Krieges die Ursache für Flucht, Vertreibung und Unfreiheit sehen. Sie liegt vielmehr in seinem Anfang und im Beginn jener Gewaltherrschaft, die zum Krieg führte.«

Mit zunehmender Geschichtsvergessenheit und/oder der Übernahme sozialistischer Geschichtsbilder wurde der 8. Mai 1945 in der 1990 vereinigten Bundesrepublik Deutschland schrittweise nur noch als »Jahrestag der Befreiung vom Nationalsozialismus« bezeichnet, nämlich seit 2002 in Mecklenburg-Vorpommern, seit 2005 in Berlin, seit 2015 in Brandenburg und seit 2020 in Schleswig-Holstein.

Die deutsche Nachkriegsordnung

Über eine deutsche Nachkriegsordnung berieten die alliierten Mächte, die USA, Großbritannien und die Sowjetunion, vom 4. bis 11. Februar 1945 erstmals auf der Konferenz in Jalta, einem idyllischen Badeort auf der Halbinsel Krim. Hier wurden die ersten Pläne für die Annektierung der deutschen Ostgebiete und für die Einteilung Deutschlands in Besatzungszonen vereinbart.

War die Kapitulation zum 8. Mai zunächst eine rein militärische Unterwerfung, übernahmen die – mit Frankreich inzwischen vier – Siegermächte auf der Konferenz von Potsdam am 5. Juni 1945 formal bis in die Kommunen hinein die Regierungsgewalt in Deutschland.

Was vom Deutschen Reich nicht ohnehin schon annektiert worden war, wurde in vier Besatzungszonen und die bisherige Reichshauptstadt Berlin aus Prestigegründen in vier Sektoren aufgeteilt. Während die Briten ein gemeinsames wirtschaftliches, politisches und administratives Vorgehen in allen vier Besatzungszonen vorschlugen, entschied die Potsdamer Konferenz, dass jede Siegermacht in ihrer Zone beziehungsweise ihrem Sektor die wirtschaftliche und politische Entwicklung nach eigenem Ermessen bestimmen durfte. Mit dem Alliierten Kontrollrat schufen die Siegermächte aber ein gemeinsames Gremium, um die in Potsdam vereinbarten Maßnahmen zu koordinieren.

Doch statt auf »Einheit« drängte der Kontrollrat auf »Einheitlichkeit« (W. Benz). Beides wurde aber durch Alleingänge der Sowjets wiederholt konterkariert. So hatten die sowjetischen Militärbehörden schon vor der Potsdamer Konferenz im Juni 1945 die Gründung von Parteien und Gewerkschaften in ihrer Zone und im Ost-Berliner Sektor zugelassen. Unterschiedliche Maßstäbe wurden auch bei der »Entnazifizierung« angesetzt; in der Sowjetischen Besatzungszone wurde sie schon 1946 gänzlich eingestellt.

Aufgrund der bürokratischen Schwerfälligkeit des Kontrollrats und der gegensätzlichen politischen Ziele seiner Mitglieder blieb die Auflösung Preußens vom 20. Februar 1947 die letzte gemeinsame Entscheidung der vier Siegermächte. Danach kam es im Sommer 1947 zu wirtschaftspolitischen Weichenstellungen, die dem Alliierten Kontrollrat die politische Geschäftsgrundlage entzogen. Mit der Verkündung des Marshallplans sowie der Errichtung des Wirtschaftsrates, einem parlamentsähnlichen Gremium für die amerikanische und britische Besatzungszone (die sogenannte »Bizone«), rückte auch ein formaler Friedensvertrag zur Beendigung des Zweiten Weltkrieges in weite Ferne.

Erste demokratische Strukturen

Bei all ihren Bemühungen, gesellschaftliches und politisches Leben wiederaufzubauen, blieben die vier Siegermächte in ihren Besatzungszonen konservativ und traditionell. Im Prinzip wollten sie den Stand von 1933 wiederherstellen.

Die alten Parteien wurden wieder zugelassen, wenn ihnen keine Mitschuld an den nationalsozialistischen Verbrechen nachgewiesen werden konnte. Auf Weisung der sowjetischen Besatzungsmacht wurden im Juni 1945 die KPD, SPD und CDU sowie im Juli die Liberal-Demokratische Partei (LDP) gegründet. Die anderen Besatzungsmächte zogen bis Ende des Jahres 1945 nach. Erst mit Gründung der Bundesrepublik Deutschland 1949 fusionierten die Parteien bundesweit, und ein autonomes Parteiensystem wurde etabliert.

Die SPD war die erste Partei, die in allen vier Besatzungszonen wieder errichtet worden war. Sie knüpfte bewusst an die Zeit vor 1933 an. Schon im Mai 1945 eröffnete Kurt Schumacher, der nach seiner Entlassung aus dem Konzentrationslager 1943 vom englischen Exil aus gewirkt hatte, in Hannover sein Büro als »Parteizentrale«. Von hier aus hielt Schumacher gemeinsam mit Erich Ollenhauer auch während der Arbeit am Grundgesetz im Bonner Parlamentarischen Rat für die SPD die Fäden in der Hand.

Die Gründung der Christlich Demokratischen Union Deutschlands (CDU) war in der deutschen Parteienlandschaft nach dem Zweiten Weltkrieg die einzige wirkliche Innovation. Eine katholische Zentrumspartei wollten viele nicht mehr, auch Konrad Adenauer hatte sich bald nach Auflösung der Zentrumspartei 1933 wiederholt entsprechend positioniert. So war die CDU vielfach den konservativen und christlichen Parteien ähnlich, hatte aber auch liberale, soziale und sogar sozialistische Ideen angenommen, wie das »Ahlener Programm« vom 3. Februar 1947 belegt. Statt das Wort »Partei« im Namen zu führen, nannte sich die CDU »Union«.

Ein französischer Journalist charakterisierte das heterogene Erscheinungsbild der CDU als sozialistisch und radikal in Berlin, klerikal und konservativ in Köln, kapitalistisch und reaktionär in Hamburg und gegenrevolutionär und partikularistisch in München (nach G. Pridham).

Dieses uneinheitliche Erscheinungsbild bereitete der CDU/CSU im Parlamentarischen Rat große Schwierigkeiten, weil zu vielen Themen noch keine einheitliche Auffassung gefunden worden war. So hatten die CDU und ihre bayerische Schwesterpartei CSU – anders als die SPD – keine gemeinsamen Verfassungsgrundsätze oder gar einen gemeinsamen Verfassungsentwurf vorzeigen können, als am 1. September 1948 der Parlamentarische Rat seine Arbeit am Grundgesetz aufgenommen hatte.

Das sogenannte Elternrecht war schon in der Weimarer Zeit ein klassisches Thema der katholischen Zentrumspartei, wurde aber erst im Oktober 1948 als Thema der CDU/CSU entdeckt. Damit war die Verantwortung der Eltern für die Erziehung ihrer Kinder gemeint; konkret hatte dies zur Folge, dass der Staat auf Wunsch der Eltern zum Beispiel private und konfessionelle Schulen anbieten sollte.

Auch in der Frage der Ausgestaltung des Föderalismus gingen innerhalb der CDU/CSU die Auffassungen zwischen Katholiken und Protestanten weit auseinander, auch wenn das zeitgenössisch nie thematisiert worden war. Die Katholiken hatten die katholische Soziallehre verinnerlicht. Ihrem Prinzip der Subsidiarität entsprang auch der von Josef Schwalber (CSU) am 9. September 1948 im Parlamentarischen Rat vertretene Grundsatz »Rechtseinheit, aber kein Einheitsrecht«.

Die Bizone

Ohne ein gemeinsames Deutschlandkonzept schlossen sich am 1. Januar 1947 die amerikanische und britische Besatzungszone zur sogenannten Bizone zusammen, nachdem die Großmächte auf der New Yorker Außenministerkonferenz am 9. Dezember 1946 nahezu ergebnislos auseinandergegangen waren.

Die Bizone erhielt mit dem Wirtschaftsrat, Ernährungsrat, Verkehrsrat, Finanzrat und dem Verwaltungsrat für Post- und Fernmeldewesen gemeinsame Zentralbehörden für ihre Länder. Der Wirtschaftsrat mit Sitz in Frankfurt am Main wurde schon am 25. Juni 1947 zur gesetzgebenden Körperschaft erweitert. Damit wurde er die bedeutendste wirtschaftspolitische deutsche Einrichtung seit Kriegsende. Im Februar 1948 erhielt die Bizone die offizielle Bezeichnung »Vereinigtes Wirtschaftsgebiet«, was als Erfolg für ein fruchtbares Auskommen zwischen den deutschen Verwaltungseinrichtungen und den amerikanischen und britischen Besatzungsbehörden zu verbuchen war.

Seit 1947 wurden die Gegensätze zwischen Großbritannien und den USA und später auch Frankreich auf der einen sowie der Sowjetunion auf der anderen Seite stets größer. Mit diesem Jahr begann der »Kalte Krieg«. Die politischen Verhältnisse begünstigten die Idee zur Gründung eines deutschen Weststaates, wofür die USA erst Großbritannien und dann Frankreich gewinnen konnten.

Das Besatzungsstatut: Rechtssicherheit statt Willkürherrschaft

Während in den Kommunen und Ländern des besetzten Deutschlands allmählich Verwaltungseinrichtungen und staatliche Strukturen entstanden, kamen schon Ende des Jahres 1946 von deutscher Seite Forderungen nach einem sogenannten Besatzungsstatut auf.

Die Deutschen versprachen sich davon die Schaffung einer rechtlichen Grundlage für die Beziehung von alliierten Besatzungsmächten und deutschen Verwaltungsbehörden. Die Forderung entsprang dem Bedürfnis nach Rechtssicherheit, in deren Rahmen sich die deutschen Verwaltungseinrichtungen frei von alliierter Einflussnahme und Kontrolle entfalten könnten. Rechtssicherheit sollte alliierte Willkürherrschaft ablösen.

Ein solches Besatzungsstatut setzte zugleich den Zusammenschluss der Besatzungszonen voraus. So verband sich mit der Forderung eines Besatzungsstatuts zugleich die Hoffnung auf die Schaffung von gesamtdeutscher Selbstverwaltung und Staatlichkeit.

Die westlichen Alliierten gingen tatsächlich auf die deutschen Wünsche ein und machten die Schaffung eines Besatzungsstatuts zu ihrer eigenen Sache. Doch im Frühjahr 1948 waren sie von einem Besatzungsstatut für Deutschland nicht mehr so überzeugt.

Während der Vorbereitungen zur Schaffung einer Verfassung und neuer politischer und administrativer Strukturen auf deutscher Seite war bei den Westalliierten zusehends die Einsicht gewachsen, dass man statt eines Besatzungsstatuts eher durch Memoranden oder »Briefe« der drei Mächte den jeweiligen deutschlandpolitischen Entwicklungen zustimmen könnte, um somit das völkerrechtliche Novum, nämlich Verfassungsschöpfung unter Besatzungsrecht, nicht übermäßig zu strapazieren.

Der amerikanische Außenminister Acheson hatte für die Londoner Außenministerkonferenz zudem Grundprinzipien entwickelt, die schon weitergehend und vor allem flexibler für den Alltag waren als ein Besatzungsstatut. Er schlug vor:

- Die Westalliierten behalten sich das Recht vor, alle an die Deutschen übertragenen Befugnisse zu widerrufen.
- Die Westdeutschen können sich selbst regieren, solange die Alliierten keinen Widerspruch einlegen.
- Die Westalliierten behalten sich bestimmte Rechte jederzeit vor.

Doch der Vorbehalt bestimmter Rechte war genau das, was auf deutscher Seite dringend klärungsbedürftig war. Welche Rechte würden sich die Alliierten vorbehalten? Der Anschein von Willkürherrschaft stand nach wie vor im Raum.

So blieben die Westalliierten schließlich doch der Idee eines Besatzungsstatuts treu. Mit dieser Perspektive und dem Wunsch nach einem Besatzungsstatut sollte dann in den nächsten Monaten allmählich der westdeutsche Staat entstehen.

Die Militärgouverneure

An der Spitze der Militärverwaltungen in Deutschland standen die Militärgouverneure der drei westlichen Siegermächte Frankreich, Großbritannien und USA.

Der amerikanische Militärgouverneur General Lucius Dubignon Clay stammte aus einer Südstaatenfamilie und trat 1916 in die Militärakademie West Point ein, wohin er später als Dozent für Zivil- und Militärbauwesen zurückkehrte. Den Großteil seines beruflichen Lebens befasste sich Clay mit dem Ausbau und der Verbesserung der amerikanischen Flughäfen für den Verteidigungsfall. 1942 kam er als stellvertretender Stabschef für Beschaffung und Nachschub unter Dwight David Eisenhower in die Normandie. Clay ließ in kürzester Zeit den zuvor von den Deutschen zerstörten französischen Hafen von

Cherbourg wieder instand setzen. 1945 bis 1947 war Clay Kongressabgeordneter.

Gleichzeitig war er seit April 1945 Stellvertretender Militärgouverneur in Deutschland, zuständig für Zivilangelegenheiten sowie Vertreter der USA im Alliierten Koordinationsausschuss für Deutschland. Am 15. März 1947 wurde Clay Oberbefehlshaber der US-Streitkräfte in Europa und zum Militärgouverneur für Deutschland ernannt. Nach anfänglichen Vorbehalten gegenüber den Deutschen setzte Clay sich schon bald für einen zügigen Wiederaufbau und die Westintegration der drei Besatzungszonen ein. Erst im Mai 1949 verließ er Deutschland, als das Grundgesetz fertig war.

Der britische Militärgouverneur General Brian Hubert Robertson war nach dem Besuch der Royal Military Academy in Woolwich 1914 in den aktiven Militärdienst eingetreten. Er nahm schon in Flandern und Frankreich am Ersten Weltkrieg teil, diente in der indischen Armee, war Teilnehmer der Genfer Abrüstungskonferenz und schied 1933 aus der Armee aus. Nach Beginn des Zweiten Weltkrieges trat Robertson 1940 als Reserveoffizier im Range eines Oberstleutnants in die südafrikanische Armee ein. Er war verantwortlich für den Nachschub im Feldzug von Bernard Law Montgomery of Alamein gegen Erwin Rommels Afrikakorps. Während des Italienfeldzuges 1944/45 diente Robertson als Verwaltungsoffizier.

1945 trat er als Chef des Stabes und Vertreter des Feldmarschalls Montgomery in die britische Kontrollratskommission ein und wurde in den Alliierten Kontrollrat in Deutschland berufen. 1946 bis 1947 war er bereits Stellvertretender Militärgouverneur und erhielt nach dem Ausscheiden von Luftmarschall Sir Sholto Douglas Ende 1947 das Amt des Militärgouverneurs (bis 1949) und war Oberbefehlshaber der britischen Besatzungstruppen in Deutschland (bis Juni 1950).

Robertson befürwortete zwar die Demontage der deutschen Industrie, gleichzeitig setzte er sich aber gemeinsam mit Clay für die Schaffung des Wirtschaftsrates in der Bizone ein. Aber noch im Sommer 1948 versuchte Robertson, die angestrebte Schaffung eines westdeutschen Staates zu verhindern (Robertson-Plan). Von 1949 bis Mai 1950 war Robertson britischer Hochkommissar in der Bundesrepublik Deutschland. Er hatte eigens die deutsche Sprache erlernt, um bei seinen deutschen Gesprächspartnern Vertrauen zu gewinnen.

Der französische Militärgouverneur und Armeegeneral Pierre Kœnig, dessen Vater aus dem Elsass stammte, nahm im Alter von 17 Jahren als Freiwilliger und später als Berufssoldat am Ersten Weltkrieg teil. Nach dem Krieg diente er als Offizier unter anderem von 1920 bis 1922 in Oberschlesien und von 1922 bis 1923 in den französischen Alpen. Danach war er bis 1929 Angehöriger der französischen Besatzungstruppen im besetzten Rheinland. Von 1930 bis 1940 war Kœnig in Marokko stationiert und zuletzt unter General Georges Catroux in Marrakesch tätig. Im Frühjahr 1940 kämpfte Kœnig mit der 13. Brigade der Fremdenlegion in Norwegen. Von dort ging er zurück nach Frankreich und kämpfte gegen Deutschland.

Mit dem letzten Fischerboot setzte er über den Kanal nach England über und trat in die Dienste von Charles de Gaulle, der in London eine französische Exilregierung errichtete. Nach seiner Teilnahme an der gescheiterten Befreiung von Dakar wurde Kœnig Militärkommandant von Kamerun und danach Stabschef (Oberst) der Ersten Französischen Brigade (BFL) in Syrien, wo er die Vichy-treue Stadt Damaskus eroberte. Als Brigadegeneral, bekannt geworden durch die erfolgreiche Verteidigung der Oase Bir Hakeim (1942) unter General Amila Kvari, wurde Kœnig 1943 Divisionsgeneral und übernahm die Funktion des Stellvertretenden Generalstabschefs der in Algerien stehenden Armee. Als Oberbefehlshaber der Verbände des Freien Frankreichs und der Résistance (Streitkräfte der inneren Front – FFI) wurde er Delegierter des französischen Nationalen Befreiungskomitees beim interalliierten obersten Generalstab (GPRF).

Nach der Befreiung von Paris am 25. August 1944 wurde Kœnig Militärgouverneur von Paris. Von 1945 bis 1949 war er Oberbefehlshaber der französischen Besatzungstruppen, Chef der französischen Militärverwaltung in Deutschland und Mitglied im Alliierten Kontrollrat in Berlin. Am 10. August 1949 endete die Tätigkeit Kœnigs als französischer Militärgouverneur in Deutschland.

Berlin-Blockade

Zu Beginn ihrer jeweiligen Amtszeit zeichnete sich keiner der Militärgouverneure durch Deutschlandfreundlichkeit aus. Sie waren Angehörige der Siegerarmeen über das nationalsozialistische Deutschland und kamen als Soldaten und nicht als Diplomaten. In streng hierarchischen Strukturen waren sie beruflich erfolgreich geworden und hatten selbstverständlich die Interessen ihrer Staaten zu vertreten.

Mit dem Morgenthau-Plan, benannt nach dem US-amerikanischen Finanzminister Henry Morgenthau, stand den Deutschen ein »harter Frieden« bevor. Grundlage der amerikanischen Deutschlandpolitik wurde dann aber die Direktive JCS 1067 mit dem Ziel der weitgehenden Demontage der deutschen Industrie. Der Wiederaufbau Deutschlands stand zunächst nicht im Mittelpunkt der Arbeit der Siegermächte, darin waren sich die Alliierten einig.

Doch die Militärgouverneure stellten sich den Realitäten in Deutschland, die anders aussahen, als es sich die Staatsbeamten in London, Paris oder Washington vorgestellt hatten. Deren ursprüngliche politisch-ökonomischen Pläne waren angesichts der geopolitischen Entwicklungen nicht umzusetzen. Ideologische Gegensätze manifestierten sich im Ost-West-Konflikt zwischen der kommunistischen UdSSR und den freiheitlich-demokratischen Westmächten. Im Ringen um Deutschland wurden im Alleingang in den Besatzungszonen neue Verhältnisse geschaffen, die zugleich eine Vereinigung aller vier Besatzungszonen erschwerten. Die drei westlichen Besatzungszonen wurden der westlichen Welt zugeschlagen. Die Sowjetische Besatzungszone wurde zu einem stalinistisch-kommunistischen Unrechtsstaat.

Die in vier Sektoren eingeteilte Stadt Großberlin wurde als Austragungsort eines internationalen Konflikts zum Inbegriff und Symbol des Kalten Krieges. Mit der Ablehnung der D-Mark für die sowjetische Besatzungszone und Ost-Berlin begann am 24. Juni 1948 die Berlin-Blockade. Schon am 16. Juni 1948 verließen die sowjetischen Vertreter offiziell die Berliner Alliierte Stadtkommandantur.

Mit Clay stand ein herausragender Logistikexperte und Baumeister an der Spitze der amerikanischen Militärregierung. Für Berlin war es Glück und Segen. Er leistete den größten Beitrag bei der Durchführung der Währungsreform sowie der Berliner Luftbrücke. Letztere war nach Vereinigung der drei Zonen überhaupt erst auf Clays Initiative schon am 24. Juni 1948, am ersten Tag der sowjetischen Berlin-Blockade, ins Leben gerufen worden. Die Luftbrücke machte den US-General zum populärsten Amerikaner im Nachkriegsdeutschland.

Die Berliner Luftbrücke war eine Meisterleistung und kein spontaner Notbehelf und auch kein Experiment. Sie war ein sorgfältig geplantes und durchgeführtes logistisches Unternehmen. Die Rettung West-Berlins als östlichster Brückenkopf der Westalliierten in Europa und inmitten der Sowjetischen Besatzungszone war für die Westalliierten eine Prestigefrage und eine militärische Herausforderung.

2. Die Autorisierung zur westdeutschen Staatsgründung

Die Londoner Empfehlung

Mit der Errichtung der Bizone blieben die deutschlandpolitischen Ziele der Westalliierten nicht stehen. Realistisch war angesichts der weltpolitischen Lagerbildung aber nur die Errichtung eines westdeutschen Teilstaates unter Einbindung der Franzosen. Doch diese hatten größte Bedenken. Zweimal war Frankreich von Deutschland überfallen worden: 1914 und 1940. In Paris präferierte man eine Dreiteilung Deutschlands in einen Rhein-, Elbe- und Donaustaat. Es entsprach dem französischen Sicherheitsbedürfnis, ein wirtschaftlich und politisch schwaches und geteiltes Deutschland als Nachbarn zu haben.

Der britische Militärgouverneur war anfangs gegen die Errichtung eines deutschen Weststaates und musste von seinem amerikanischen Kollegen Clay erst überzeugt werden.

Auf der Außenministerkonferenz in London, die vom 23. Februar bis 6. März 1948 sowie vom 20. April bis 2. Juni 1948 in zwei Sitzungsphasen durchgeführt wurde, erörterten die drei Westmächte Frankreich, Großbritannien und USA unter Hinzuziehung der Niederlande, Belgiens und Luxemburgs die Gründung eines westdeutschen Staates.

Nur unter gewissen Bedingungen wollte Frankreich einer Staatenbildung in Westdeutschland zustimmen. Das Saargebiet sollte von Deutschland abgetrennt werden. Das wegen seiner Rohstoffe wirtschaftlich bedeutsame Ruhrgebiet sollte einer internationalen Kontrolle (der späteren Ruhrbehörde) unterstellt werden. Ein föderalistisches Westdeutschland sollte einer möglichst lange andauernden Besatzungszeit entgegensehen. Die Deutschlandpläne der Londoner Außenministerkonferenz mussten vom französischen Parlament mitgetragen und ratifiziert werden. In ihrem Schlusskommuniqué stellte die Londoner Außenministerkonferenz dann aber heraus,

»*dass das deutsche Volk [...] die Freiheit erhalten soll, für sich die politischen Organisationen und Institutionen zu errichten, die es ihm ermöglichen werden, eine regierungsmäßige Verantwortung soweit zu übernehmen, wie es mit den Mindesterfordernissen der Besetzung und der Kontrolle vereinbar ist, und die es schließlich auch ermöglichen werden, die volle Verantwortung zu übernehmen.*«

Die zukünftige »*Verfassung soll so beschaffen sein, dass sie es den Deutschen ermöglicht, ihren Teil dazu beizutragen, die augenblickliche Teilung Deutschlands wieder aufzuheben, allerdings nicht durch die Wiedererrichtung eines zentralistischen Reiches, sondern mittels einer föderativen Regierungsform, die die Rechte der einzelnen Staaten [= der deutschen Länder] angemessen schützt und gleichzeitig eine angemessene zentrale Gewalt vorsieht und die Rechte und Freiheiten des Individuums garantiert*«.

Ausdrücklich wurde in dem als »Londoner Empfehlung« bezeichneten Kommuniqué auf die Feststellung Wert gelegt, dass der Weg zur deutschen Einheit erleichtert werden solle. Die Einheit Deutschlands blieb das Ziel der Westalliierten, an deren Anfang nur vorläufig die Errichtung eines westdeutschen Teilstaats stehen sollte.

Die Frankfurter Dokumente vom 1. Juli 1948

Die Militärgouverneure der drei Besatzungsmächte, Clay, Kœnig und Robertson, brachten die »Londoner Empfehlungen« in eine neue Textfassung, die den elf Ministerpräsidenten der drei westdeutschen Besatzungszonen – der Oberbürgermeister der Viermächtestadt Berlin war nicht eingeladen – bei einer Begegnung im Hauptquartier der amerikanischen Besatzungsmächte in Frankfurt am Main am 1. Juli 1948 übergeben wurde. Die drei deswegen sogenannten Frankfurter Dokumente enthielten die zentralen Anweisungen der Alliierten über die inhaltliche Gestaltung der zukünftigen Verfassung:

1. In Dokument Nr. I wurden die Ministerpräsidenten ermächtigt (»authorized«), »eine Verfassunggebende Versammlung« einzuberufen, die bis zum 1. September 1948 zusammentreten sollte. Sie sollte *»eine demokratische Verfassung ausarbeiten, die für die beteiligten Länder eine Regierungsform des föderalistischen Typs schafft, die am besten geeignet ist, die gegenwärtige zerrissene deutsche Einheit schließlich wieder herzustellen, und die Rechte der beteiligten Länder schützt, eine angemessene Zentralinstanz (»adequate central authority«) schafft und die Garantien der individuellen Rechte und Freiheiten enthält«.* Auf einen Abgeordneten sollten ca. 750.000 Bürger kommen. Die Verfassung würde, wenn sie den Grundsätzen des Dokuments Nr. I nicht widerspreche, von den Militärgouverneuren genehmigt und zur Ratifizierung durch ein Referendum den beteiligten Ländern übergeben werden.
2. Dokument Nr. II kündigte, unter Einbeziehung der Bevölkerung der jeweils betroffenen deutschen Länder, die Möglichkeiten zur Neuumschreibung gewisser Ländergrenzen an.
3. In Dokument Nr. III machten die Alliierten darauf aufmerksam, dass bei Fertigstellung einer Verfassung »eine sorgfältige Definition« der Beziehungen zwischen der westdeutschen Regierung und den Militärbehörden notwendig werden würde. In Grundzügen wurde ein erster Entwurf für das zukünftige Besatzungsstatut beigegeben. Der Entwurf stellte ein »Mindestmaß der notwendigen Kontrollen« über die zukünftige Innen- und Außenpolitik Deutschlands in Aussicht.

In einer Anlage erklärten die Militärgouverneure ihre Bereitschaft, *»die Ministerpräsidenten und die Verfassunggebende Versammlung in allen Angelegenheiten, die diese vorzubringen wünschen, zu beraten und zu unterstützen«.*

4. Ein weiteres Dokument mit einigen Detailbestimmungen der künftigen Verfassung enthielt im Protokoll der Londoner Außenministerkonferenz der »Anhang H«. Die Militärgouverneure waren überzeugt, dass die Verfassunggebende Versammlung ohnehin die meisten Angelegenheiten in ihrem Sinne entscheiden würde und der Eindruck einer Einflussnahme durch die Alliierten unbedingt vermieden werden sollte. Der »Anhang H« blieb den Deutschen bis zum 22. November 1948 unbekannt.

Erste Ministerpräsidentenkonferenz am 1. Juli 1948

Die verfassungsrechtlichen Bestimmungen in Dokument Nr. I las General Clay in englischer Sprache vor, Robertson verlas ebenfalls in englischer Sprache das Dokument Nr. II zur Reform der Ländergrenzen. General Kœnig trug in französischer Sprache das Dokument Nr. III mit der Erklärung und dem Entwurf des Besatzungsstatuts vor. Die drei Dokumente wurden zum Ende der Begegnung den deutschen Teilnehmern in Englisch, Französisch und Deutsch übergeben.

Die in den Frankfurter Dokumenten autorisierte Gründung eines westdeutschen Staates, bestehend aus den drei Westzonen, war die konsequente Fortsetzung der alliierten Politik von der Bizone zur Trizone.

Neu war, dass sich die Alliierten zwecks Übergabe der Frankfurter Dokumente erstmals an die Ministerpräsidenten aller drei Besatzungszonen gleichzeitig wandten. Diese fühlten sich zu einer »Institution« aufgewertet und verstanden sich selbst als »Sprachrohr« aller Deutschen. Waren sie bisher nur für ihre Länder verantwortlich, durften sie nun gemeinsam zu gesamt(west)deutschen Themen Stellung beziehen und die nötigen Schritte zur Einberufung der Verfassunggebenden Versammlung einleiten.

Der Sprecher der Ministerpräsidenten, der württemberg-badische Ministerpräsident Reinhold Maier (DVP), war nur in der Lage, eine sehr formelle Erklärung abzugeben. Die Ministerpräsidenten zogen sich zur Beratung zurück.

Offenbar waren die Ministerpräsidenten weitestgehend unvorbereitet und mit falschen Erwartungen nach Frankfurt gekommen. Das überrascht ein wenig: Hatten die Ministerpräsidenten in den Medien nicht verfolgt, wie leidenschaftlich über die politischen Entscheidungen der Londoner Außenministerkonferenz am 17. Juni 1948 im französischen Parlament öffentlich diskutiert worden war? Schon das Abstimmungsergebnis hatte für sich gesprochen: 300 Abgeordnete hatten der Annahme der Londoner Empfehlungen zugestimmt und 286 Abgeordnete die Pläne abgelehnt.

Ohne eine stringente Gesprächsführung berieten sich die Ministerpräsidenten während einer Sitzungsunterbrechung.

Der niedersächsische Ministerpräsident Hinrich Wilhelm Kopf (SPD) wünschte eine Klarstellung, ob auch Vertreter der Stadt Berlin zu den Verfassungsverhandlungen hinzugezogen werden dürften.

Der badische Staatspräsident Leo Wohleb (CDU) warf die Frage auf, was aus dem Besatzungsstatut werde, wenn die Ergebnisse der Verfassungsberatungen von den Alliierten abgelehnt würden.

Der hessische Ministerpräsident Christian Stock (SPD) schlug vor, einen »Beamtenausschuss« einzusetzen, der vorab einen ersten Verfassungsentwurf für die Verfassunggebende Versammlung vorlegen sollte. Dieser Ausschuss tagte schließlich im August 1948 unter der Bezeichnung Verfassungskonvent in Herrenchiemsee.

Der bayerische Ministerpräsident Hans Ehard (CSU) hielt eine Vorlage des Besatzungsstatuts schon vor Beginn der Verfassungsberatungen für erforderlich. Er hielt das Verhältnis zwischen dem Wirtschaftsrat der Bizone, der eigenständigen Verwaltung der französischen Zone und der künftigen Verfassunggebenden Versammlung für problematisch. In der Trizone sei nun zukünftig mit drei verschiedenen Gremien zu rechnen.

Die Ministerpräsidenten schienen sehr selbstbewusst, als würden sie auf Augenhöhe mit den Militärgouverneuren verhandeln können. Doch der Bremer Senatspräsident Wilhelm Kaisen (SPD) war umsichtiger. Nach seiner Auffassung war es notwendig, den Generälen möglichst umgehend die grundsätzliche Bereitschaft zu bekunden, die vorgesehenen Aufgaben zu übernehmen. Gleichzeitig sollte aber geklärt werden, ob man noch mit eigenen Vorschlägen aufwarten dürfe.

Die nächste Zusammenkunft der Ministerpräsidenten sollte auf Vorschlag des Staatspräsidenten von Württemberg-Hohenzollern, Lorenz Bock (CDU), an einem Ort in der französischen Besatzungszone durchgeführt werden, um den Zusammenschluss zur Trizone auch seitens der Ministerpräsidenten zu bekräftigen.

Die Begegnung in Frankfurt und die erste gemeinsame Sitzung der Ministerpräsidenten am 1. Juli 1948 bedeuteten die Geburtsstunde der Ministerpräsidentenkonferenz.

Die »Koblenzer Beschlüsse« vom 10. Juli 1948

Die demokratischen Parteien und die Ministerpräsidenten bejahten zwar die Schaffung einer verfassungsstaatlichen Rechtsordnung für Westdeutschland. Doch die Einberufung einer Nationalversammlung – wie zuletzt 1918/19 geschehen – schien angesichts der deutschen Teilung keine Option zu sein.

Deswegen schlug die CDU/CSU schon am 8. Juli 1948 im Vorfeld der anberaumten Ministerpräsidentenkonferenz vor, »nur« einen »Parlamentarischen Rat«, also einen Rat mit parlamentarischem Charakter, einzuberufen, der die »vorläufigen organisatorischen Grundlagen« für den Zusammenschluss der drei Zonen schaffen und »die Interessen der deutschen Bevölkerung gegenüber den Besatzungsmächten zur Geltung« bringen sollte.

Die SPD ging sogar einen Schritt weiter und forderte im Rückgriff auf ihren bisherigen Verfassungsentwurf vom April 1948 die Ausarbeitung eines »Verwaltungsstatuts«, »Organisationsstatuts« oder »vorläufigen Grundgesetzes« durch einen Ausschuss der Länderparlamente.

Unter dem Vorsitz des rheinland-pfälzischen Ministerpräsidenten Peter Altmeier (CDU) berieten vom 8. bis 10. Juli 1948 die Ministerpräsidenten der westdeutschen Besatzungszonen auf dem »Rittersturz« bei Koblenz über das weitere Vorgehen und über eine Stellungnahme zu den Frankfurter Dokumenten.

Die Ministerpräsidenten legten mit den »Koblenzer Beschlüssen« vom 10. Juli 1948 ihr Konzept einer neuen politischen Staatsform für Westdeutschland vor. Ihre Beschlüsse waren *»Ausdruck des Willens, an der Lösung der gestellten Probleme schöpferisch mitzuarbeiten und das in den [Frankfurter] Dokumenten gesteckte Ziel möglichst schnell und wirksam zu erreichen«.*

Doch gleichzeitig unterstrichen die Regierungschefs, keine Verantwortung für die Teilung Deutschlands übernehmen und alles vermeiden zu wollen, »was dem zu schaffenden Gebilde den Charakter eines Staates verleihen würde«. Stattdessen wollten sie ein »Provisorium«, das die Spaltung zwischen West und Ost nicht weiter vertiefen dürfe. Als Voraussetzungen für eine Verfassung wurden eine gesamtdeutsche Regelung und die Wiederherstellung der »deutschen Souveränität« genannt. Die Reform der Ländergrenzen sollte erst nach »eingehender Prüfung« vorgenommen werden, da »eine grundsätzliche und endgültige Lösung geboten« schien. Schließlich baten die Ministerpräsidenten mit Blick auf das zu erwartende Besatzungsstatut, »in regelmäßigen Zeitabständen« die Möglichkeit einer Revision der Besatzungsbeschränkungen und -kontrollen zu prüfen.

Die Antwortnote der Ministerpräsidenten endete mit einem Dank an die Militärgouverneure, die »durch ihre Initiative die Möglichkeit für eine immer weiter fortschreitende Entwicklung der Demokratie erweitert« hätten. Ferner wünschten sie, den Landtagen empfehlen zu dürfen, »eine Vertretung (Parlamentarischer Rat)« zu wählen und zu beauftragen, »ein Grundgesetz für die einheitliche Verwaltung des Besatzungsgebietes der Westmächte« auszuarbeiten. In drei Anlagen wurde zu jedem der drei Frankfurter Dokumente eine kurze Stellungnahme verfasst.

Reaktionen der Militärgouverneure

General Clay war über die Koblenzer Beschlüsse maßlos enttäuscht und verärgert. In einer Begegnung mit den Ministerpräsidenten der amerikanischen Besatzungszone am 14. Juli 1948 bezweifelte Clay, dass die Außenminister bei neuen Verhandlungen noch einmal ein so günstiges Ergebnis für Deutschland erreichen würden. Den Ministerpräsidenten warf Clay vor, ihre »wirklichen Helfer und Freunde, die Amerikaner, brüskiert« zu haben. Sie hätten ihn (Clay) im Kampf mit den Sowjets um Berlin und für eine Weiterentwicklung Westdeutschlands im Stich gelassen. Den Franzosen hätten sie die Gelegenheit gegeben, die unter großen Schwierigkeiten in London ausgehandelten Optionen für Westdeutschland hinauszuzögern. Damit läge das Schicksal der drei Westzonen in den Händen der Franzosen. Clay erwog sogar, die Pläne für eine westdeutsche Regierung ganz fallen zu lassen, statt sich – wie von Frankreich gewünscht – erneut auf eine Außenministerkonferenz einzulassen.

Von britischer Seite erfolgte keine derart heftige Reaktion, was aber angesichts der starken Position Clays, die er sich durch seinen unermüdlichen Einsatz bei der Versorgung von West-Berlin über die Luftbrücke erworben hatte, nebensächlich schien.

Erwartungsgemäß stellten französische Besatzungsoffiziere fest, dass die Koblenzer Beschlüsse sich weit von den Londoner Empfehlungen entfernt hätten. Sie hatten es selbst provoziert.

Es war General Kœnig, der die Ministerpräsidenten ermutigt hatte, ihre Änderungswünsche zu artikulieren und die Frankfurter Dokumente gegebenenfalls auch abzulehnen. Und nun forderte Kœnig erneute Verhandlungen auf Regierungsebene, weil die Deutschen nicht bereit schienen, Verantwortung zu tragen. General Kœnig entwarf eine für Deutschland düstere Perspektive. Er schlug vor, ein Besatzungsstatut zu erlassen und eine deutsche Verwaltung für alle drei Zonen in Abhängigkeit von den Besatzungsmächten einzusetzen. Clay hatte Kœnigs doppeltes Spiel durchschaut.

Die Ministerpräsidentenkonferenz im Niederwald

Nach diesen ersten Reaktionen von alliierter Seite kamen die Ministerpräsidenten am 15./16. Juli 1948 erneut kurzfristig zu Beratungen im Jagdschloss Niederwald bei Rüdesheim zusammen. Jetzt erst glaubte der Justizminister und stellvertretende Staatspräsident von Württemberg-Hohenzollern, Carlo Schmid (SPD), durchschaut zu haben, dass Clay dem zukünftigen deutschen Weststaat eine aktive Rolle im Kampf gegen die UdSSR zukommen lassen wollte. Und eben diese Rolle sähe Clay nun offenbar gefährdet.

Die Londoner Außenministerkonferenz hatte schon im Mai 1948 darüber diskutiert, Deutschland in ein europäisches Sicherheitssystem einzubinden. Solche Überlegungen waren jedoch für einen späteren Friedensvertrag reserviert worden.

Da die Koblenzer Beschlüsse in den Landtagen positiv aufgenommen worden waren, fühlten sich die Ministerpräsidenten in ihren Ansichten bekräftigt. Sie sahen erwartungsvoll weiteren Verhandlungen mit den Militärgouverneuren entgegen und waren zugleich fest entschlossen, von ihren Beschlüssen nicht abzurücken.

Die Frankfurter Dokumente – Ergebnis von Anweisungen

Offenbar war die Stimmung bei den Besatzungsmächten angespannter, als die Ministerpräsidenten sich das vorgestellt hatten. Angesichts der Koblenzer Beschlüsse drohten die Frankfurter Dokumente Makulatur zu werden. Clay und Robertson bemühten sich am 15. und 19. Juli 1948, Kœnig wieder auf die Londoner Empfehlungen festzulegen. Die drei Militärgouverneure vereinbarten, den Ministerpräsidenten die politischen Hintergründe der Londoner Entscheidungen unmissverständlich aufzuzeigen und die dramatischen Konsequenzen einer fortgesetzten Ablehnung der Londoner Empfehlungen vor Augen zu führen.

So wies General Robertson in der Sitzung mit den Ministerpräsidenten am 20. Juli 1948 deutlich auf die Verbindlichkeit der Frankfurter Dokumente hin, die das »Ergebnis von Anweisungen« der Londoner Außenministerkonferenz gewesen seien. Die deutschen Vertreter bräuchten zwar keine Verantwortung für die deutsche Teilung auf sich zu nehmen, sollten jedoch im Rahmen der Zuständigkeiten, die man ihnen einräumen würde, volle Verantwortung tragen.

Entsprechend lehnten die Alliierten die Ausarbeitung eines Grundgesetzes anstelle einer Verfassung ab. Der Wahlmodus für die Abgeordneten der Verfassunggebenden Versammlung sollte den Ministerpräsidenten überlassen werden. Doch die Ratifizierung des Grundgesetzes durch ein Referendum hielten die Generäle für unverzichtbar.

Hinsichtlich des Besatzungsstatuts erwarteten die Militärgouverneure eine Stellungnahme der Verfassunggebenden Versammlung vor Abfassung eines endgültigen Wortlauts. Aus diesem Grunde – so argumentierten die Alliierten – sei vor Beginn der Verfassungsarbeit die Fertigstellung des Besatzungsstatuts nicht möglich. Vielmehr wollten sie begleitend zur Verfassungsarbeit ein angepasstes Besatzungsstatut entwerfen. Das Besatzungsstatut werde dann mit der Genehmigung der Verfassung veröffentlicht, so könne die Bevölkerung »verstehen«, dass »die Annahme des Verfassungspapiers innerhalb des Rahmens eines Besatzungsstatuts« stattfinde.

Nach kurzer interner Beratung lenkten die Ministerpräsidenten ein und versicherten, auf ihre Koblenzer Beschlüsse verzichten zu wollen, um ihren Beitrag zur Stabilisierung der politischen Entwicklung in Mitteleuropa zu leisten.

Koblenzer Beschlüsse bleiben als »Empfehlung« bestehen

Am 21. Juli 1948 kamen die Ministerpräsidenten erneut im Jagdschloss Niederwald zusammen.

Einen überwältigenden Eindruck hinterließ die Rede des Berliner Bürgermeisters Ernst Reuter (SPD), der mit Nachdruck darauf verwies, dass ein Fortbestehen der derzeitigen politischen Verhältnisse für die Berliner und die Deutschen im Osten unerträglich sei. Deswegen sei »die politische und ökonomische Konsolidierung des Westens eine elementare Voraussetzung für die Gesundung auch unserer Verhältnisse und für die Rückkehr des Ostens zum gemeinsamen Mutterland«.

Nur wenig überzeugend klang daraufhin Carlo Schmids (SPD) Bekenntnis, dass es für ihn unvorstellbar sei, unter einer Besatzungsherrschaft eine »Verfassung in der Unfreiheit« zu schaffen und diese auch noch zu »einem konstitutiven Element« machen zu wollen.

Trotz ihrer Bekundung, auf die Koblenzer Beschlüsse verzichten zu wollen, blieben diese weiterhin Grundlage der Gespräche. Die wichtigsten Entscheidungen der Ministerpräsidentenkonferenz in Niederwald waren:

1. Die Wahlen der Abgeordneten des Parlamentarischen Rates sollten in den Landtagen erfolgen.
2. Die Koblenzer Beschlüsse blieben als »Empfehlung« bestehen.

3. Die Bezeichnung »Grundgesetz« sollte beibehalten bleiben, zumal die Alliierten die Verfassung de facto auch als Provisorium auffassten.
4. Die Ratifizierung des Grundgesetzes durch Referendum wurde weiterhin zugunsten einer Ratifizierung in den Landtagen abgelehnt.
5. Die Reform der Ländergrenzen wurde zurückgestellt.

Zugeständnisse der Militärgouverneure (26. Juli 1948)

Ein letztes Mal vor Einberufung der Verfassunggebenden Versammlung kamen die Militärgouverneure und die Ministerpräsidenten am 26. Juli 1948 in Frankfurt zu Verhandlungen zusammen. Es war eine höchst angespannte Atmosphäre. Alle Teilnehmer spürten, dass nun richtungsweisende und endgültige Entscheidungen fallen würden. Von deutscher Seite war es ein hohes Wagnis, den Militärgouverneuren noch zu diesem Zeitpunkt Zugeständnisse abringen zu wollen, ohne den Staatswerdungsprozess durch möglicherweise überzogene Forderungen zu gefährden.

Erst nach einer Sitzungsunterbrechung, in der die Militärgouverneure unter sich beraten hatten, akzeptierten sie die Bezeichnung »Grundgesetz« sowie den erläuternden Zusatz »vorläufige Verfassung«. Auch bewilligten die Besatzungsmächte die Einberufung eines »Parlamentarischen Rates« anstelle einer Verfassunggebenden Nationalversammlung. Auch die Ländergrenzreform verschoben sie auf eine spätere Zeit. Die Generäle stellten sogar in Aussicht, prüfen zu wollen, das Grundgesetz nicht durch ein Referendum ratifizieren zu lassen.

An dem 1. September 1948 als Datum der Konstituierung des Parlamentarischen Rates hielt man jedoch fest. Der Symbolgehalt des neunten Jahrestages des Beginns des Zweiten Weltkriegs spielte bei der Wahl des Termins aber keine Rolle.

An den Frankfurter Dokumenten vom 1. Juli 1948 war das Ergebnis des Parlamentarischen Rates zu messen. Die Alliierten behielten sich die Genehmigung des Grundgesetzentwurfes vor und würden auf ihre Kontrollfunktion auch nicht verzichten. Die deutschen Politiker mussten endlich einsehen: Eine Verfassungsschöpfung war nur unter Besatzungsherrschaft möglich oder aber gar nicht! Das war im Übrigen nichts Neues. Die Landesverfassungen, so es denn welche gab, waren ja auch dem »Gebot der Besatzungsmächte« entsprungen, weshalb Thomas Dehler (FDP) seinerzeit im November 1946 von Bayern als »Kolonialland Amerikas« sprach.

Solange es keinen Friedensvertrag gab, würde Deutschland mit der Rolle des besetzten Staates leben müssen.

Verfassungskonvent auf Herrenchiemsee (August 1948)

Zur inhaltlichen Vorbereitung des Parlamentarischen Rates beriefen die Ministerpräsidenten in das ehemalige Kloster auf der Herreninsel im Chiemsee zum 10. August 1948 einen Verfassungskonvent ein, der von der Grundidee aus fachkundigen Beamten und Verfassungsexperten bestehen sollte. Unter der Leitung des bayerischen Staatsministers Anton Pfeiffer (CSU) tagte der Konvent bis zum 23. August 1948 hinter verschlossenen Türen und veröffentlichte am 30. August 1948 einen Grundgesetzentwurf mit einem erläuternden Bericht.

Demnach war unumstritten die Errichtung zweier gesetzgebender Organe, einer Länderkammer und eines Parlaments. Eine Präsidialregierung sollte mittels einer »arbeitsfähigen Mehrheit« im Parlament verhindert werden. Neben der Regierung sollte ein neutrales Staatsoberhaupt stehen. Ein Notverordnungsrecht sollte bei der Bundesregierung und der Länderkammer, nicht aber beim Staatsoberhaupt bestehen. Die Mehrheit der Teilnehmer sprach sich für eine Gesetzgebung,

Verwaltung, Justiz und Finanzhoheit der Länder aus. Bund und Länder sollten auf alle Fälle eine getrennte Finanzwirtschaft führen. Volksbegehren sollten ausgeschlossen werden und Volksentscheide nur bei Grundgesetzänderung möglich sein. Eine Änderung des Grundgesetzes, durch die die freiheitliche und demokratische Grundordnung beseitigt werden könnte, sollte unzulässig sein.

Ein amerikanischer Offizier war beeindruckt von dem Ergebnis des Verfassungskonvents, der eine »ziemlich vollständige und richtige Zusammenfassung der verfassungsrechtlichen Vorstellungen in Westdeutschland« vorgelegt habe.

Auch wenn andere dem Entwurf von Herrenchiemsee keine größere Bedeutung zukommen ließen, diente er in den Fachausschüssen des Parlamentarischen Rates dennoch als Diskussionsgrundlage. Manches ist fast wörtlich in das Grundgesetz übernommen worden. Kein anderer Verfassungs- oder Grundgesetzentwurf nahm diese bedeutsame Rolle ein.

Damit erhielt der Entwurf des Verfassungskonvents zwar immer noch nicht den Charakter einer offiziellen Vorgabe an den Parlamentarischen Rat, doch konnten die Ländervertreter auf Herrenchiemsee wesentlich zur Arbeit an einer westdeutschen Verfassung beitragen und für den Parlamentarischen Rat »wertvolle Vorarbeiten« leisten.

Anders erging es der im Mai 1948 von der Amerikanischen Militärverwaltung in Deutschland vorgelegten Dokumentation »Corporative Federal Constitution«. Sie enthielt in deutscher Übersetzung unter dem Titel »Bundesstaatliche Verfassungen« auf insgesamt 392 Seiten die Verfassungen von elf demokratischen und föderalen Staaten. Diese Dokumentation blieb unberücksichtigt. Viel zu sehr sahen sich die Experten des Verfassungskongresses auf Herrenchiemsee und im Parlamentarischen Rat in Bonn der deutschen Verfassungstradition verpflichtet, die nicht erst 1848 begann.

3. Die Einrichtung des Parlamentarischen Rates

Entscheidung für die Beethovenstadt Bonn

Während der Verfassungskonvent von Herrenchiemsee tagte, liefen die Vorbereitungen für die Einberufung des Parlamentarischen Rates am 1. September 1948 auf Hochtouren.

Da die Ministerpräsidentenkonferenz bisher in der französischen und der Verfassungskonvent in der amerikanischen Zone tagten, sollte als Tagungsort für den Parlamentarischen Rat auf Wunsch der Ministerpräsidenten Arnold, Altmeier und Stock, die sich bereits früh für Bonn aussprachen, ein Ort in der britischen Zone ausgewählt werden. In einer telefonischen Abstimmung entschieden sich von den elf westdeutschen Ländern acht für die Beethovenstadt Bonn als Tagungsort. Die Mitbewerber Karlsruhe und Frankfurt in der amerikanischen Besatzungszone sowie Celle, Koblenz, Köln und Düsseldorf in der britischen Besatzungszone unterlagen in der Abstimmung.

Die nordrhein-westfälische Landesregierung unter Ministerpräsident Karl Arnold (CDU) richtete die Pädagogische Akademie in Bonn her, ein Zweckgebäude des Architekten Martin Witte. Dass im Nachhinein betrachtet mit der Entscheidung für Bonn als Sitz des Parlamentarischen Rates auch eine Vorentscheidung für Bonn als zukünftigen Sitz der Bundesorgane gefallen war, konnte im Sommer 1948 niemand voraussehen.

Die »Väter« und »Mütter« des Grundgesetzes

Gemäß den Bestimmungen des Frankfurter Dokuments Nr. I verständigten sich die Ministerpräsidenten am 27. Juli 1948 auf ein sogenanntes Modellgesetz, nach dem die Abgeordneten in allen Landtagen gewählt werden sollten. Der von den Ministerpräsidenten einberufene Ausschuss zur Schaffung des Modellgesetzes empfahl, dass die Abgeordneten nach dem Wahlergebnis der jeweils letzten Landtagswahl aufgeteilt werden sollten.

Zwischen dem 6. und 31. August 1948 wählten die Landtage die Abgeordneten des Parlamentarischen Rates. Es wurden 65 Abgeordnete gewählt. Deren Auswahl war den Parteiführungen überlassen worden, die Wahlen erfolgten ohne Personaldebatte.

Die Verteilung der Mandate brachte eine Verschiebung des Stimmenverhältnisses mit sich. Denn die Wahl in den Landtagen lief entweder nach der einfachen Stimmenverteilung (Verhältniswahlsystem) bei der jeweils letzten Landtagswahl oder nach der Anzahl der Landtagsmandate, die bei einem Mehrheitswahlsystem den größeren Parteien mehr Sitze im Landtag bescheren konnte. Das Verhältnis der beiden großen Fraktionen im Parlamentarischen Rat hätte eigentlich anders aussehen müssen, wäre die Mandatsvergabe im Parlamentarischen Rat ausschließlich nach dem Verhältniswahlrecht geregelt worden. Dann hätte die Zusammensetzung wie folgt ausgesehen (in Klammern die tatsächliche Sitzverteilung im Parlamentarischen Rat): CDU/CSU 25 (27), SPD 23 (27), FDP 7 (5), KPD 6 (2), DP 2 (2), Zentrum 2 (2).

Die CDU/CSU hätte 2 Sitze mehr als die SPD und damit einen Anteil von 41,5 % statt 38,5 % erreicht. Aber dadurch, dass die SPD statt der ihr zustehenden 35,5 % nun auch 41,5 % hatte, war die CDU/CSU nicht stärkste Fraktion geworden. Durch die tatsächliche Sitzverteilung fühlte sich die CDU überfahren. Auch die Liberalen hätten ein größeres Stimmengewicht bekommen. Der Einfluss der KPD wäre auch bei 6 statt 2 Mandaten nicht wirklich viel größer gewesen. Denn die KPD galt als der verlängerte Arm Ost-Berlins und damit als Moskau-hörig. Ihre Obstruktionspolitik war schon aus den Landtagen bekannt.

Nach dem Vorbild des Frankfurter Wirtschaftsrats bildeten auch im Parlamentarischen Rat die CDU und die bayerische

CSU eine Fraktionsgemeinschaft, wie es schon im Reichstag der Weimarer Zeit die katholische Zentrumspartei und die katholische Bayerische Volkspartei (BVP) getan hatten. Die drei liberalen Parteien FDP, LDP und DVP schlossen sich am Tage vor der Konstituierung des Parlamentarischen Rates zu einer Fraktion zusammen. Da der Parlamentarische Rat darauf verzichtete, eine Mindestzahl für die Fraktionsstärke festzulegen, gab es sechs Fraktionen.

Unter den 65 Abgeordneten waren vier Frauen. Die meisten Abgeordneten waren in der Weimarer Republik politisch tätig gewesen. Das Durchschnittsalter betrug 48 Jahre. Der jüngste Abgeordnete war 34 Jahre alt, der älteste 73. Staatsbeamte überwogen; 36 führten einen Doktortitel. Zu den 65 Abgeordneten kamen fünf Berliner Vertreter hinzu, die angesichts des Viermächtestatus der Stadt nur als Gäste oder Beobachter teilnehmen durften und sich deswegen zwar an den Beratungen, nicht aber an den Abstimmungen im Parlamentarischen Rat beteiligten.

Aus der Zusammensetzung des Parlamentarischen Rates ergaben sich zwei Besonderheiten:

1. Da nach dem Verhältniswahlprinzip eigentlich die CDU/CSU die stärkere Fraktion gewesen wäre, wurde ihr zugestanden, den Parlamentspräsidenten zu stellen.
2. Gemäß internationaler demokratischer Gepflogenheiten werden Verfassungsänderungen im Parlament mit einer Zweidrittelmehrheit beschlossen. Nach der Zusammensetzung des Parlamentarischen Rates war es den beiden großen Fraktionen demnach nicht möglich, die kleinen Fraktionen als Mehrheitsbeschaffer für die erforderliche Zweidrittelmehrheit zu bekommen. Das hieß: Kompromisse und Entscheidungen mussten zwischen CDU/CSU und SPD erfolgen.

Auch deswegen wies Konrad Adenauer in den ersten Wochen in den Hintergrundgesprächen mit alliierten Vertretern wiederholt darauf hin, dass die mit einfacher Mehrheit beschlossenen Entscheidungen aus den Ausschüssen noch nichts über das tatsächliche Aussehen des Grundgesetzes aussagen würden.

Alliierte Verbindungsbüros

Am 1. September 1948 wurde der Parlamentarische Rat im Lichthof des Zoologischen Museums Alexander König in Bonn unter Anwesenheit von Vertretern der Militärregierungen eröffnet. Die drei Militärgouverneure blieben vorgeblich »wegen sehr wichtiger Besprechungen« der Veranstaltung fern. Tatsächlich wollten sie durch ihre Anwesenheit die internationale

Vertreter der Westalliierten von links nach rechts: Botschafter Robert D. Murphy (USA), General Alexander Bishop (Großbritannien), General Jean-Baptiste Piron (Belgien)

Aufmerksamkeit auf das Bonner Geschehen nicht unnötig steigern. Nach einer internen Absprache entsandten sie auch keine Stellvertreter. Nur die USA entsandten ihren politischen Berater Robert D. Murphy, der im Rang eines Botschafters in der Viermächtestadt Berlin residierte. Briten und Franzosen entsandten Mitarbeiter ihrer Bonner Verbindungsbüros.

Diese Verbindungsbüros waren aufgrund der Beilage zum Frankfurter Dokument Nr. III eingerichtet worden, um die Ministerpräsidenten und die Verfassunggebende Versammlung »in allen Angelegenheiten, die diese vorzubringen wünschen, zu beraten und zu unterstützen«. Die alliierten »Liaison Officers« bildeten die Nahtstelle und das Sprachrohr der Militärgouverneure zum Parlamentarischen Rat.

Die bedeutendsten alliierten Mitarbeiter in Bonn waren auf amerikanischer Seite zwei Offiziere deutscher Abstammung, nämlich Anthony F. Pabsch und Hans Simons. Letzterer war der Sohn des parteilosen deutschen Reichsaußenministers (1920-1921) Walter Simons. Das britische Verbindungsbüro leitete Rolland Alfred Aime Chaput de Saintonge, der »Brite mit dem französischen Namen«, wie General Clay sich scherzhaft auszudrücken pflegte. Dessen französischer Kollege, Jean Laloy, wurde Ende März 1949 von Jean Victor Sauvagnargues abgelöst, der später in den 1970er Jahren französischer Botschafter in Bonn und dann Außenminister wurde.

Staatsfragment oder Staat

Hauptredner auf der feierlichen Eröffnungsveranstaltung in der Eingangshalle des Museums König in Bonn am 1. September 1948 war der Vorsitzende der Ministerpräsidentenkonferenz und hessische Ministerpräsident Christian Stock (SPD). Er betonte, dass die Arbeit am Grundgesetz nicht auf »Befehl«, sondern aufgrund bilateraler Übereinkünfte zwischen Militärgouverneuren und den Ministerpräsidenten aufgenommen werde.

Doch sein Parteigenosse Carlo Schmid, der SPD-Fraktionsvorsitzende im Parlamentarischen Rat, sah das gänzlich anders. Was für die Feierstunde im Museum König vielleicht noch akzeptabel schien, galt nicht mehr für die politische und parteipolitische Auseinandersetzung im Parlamentarischen Rat. So wetterte Schmid in seiner ersten Plenarrede am 8. September 1948 unter anderem auch gegen die Alliierten und brachte ohne Rücksichtnahme auf anwesende Verbindungsoffiziere seinen Unmut über die »Fremdherrschaft« zum Ausdruck.

Unter Beifallsbekundungen aus der eigenen Fraktion beklagte Schmid, dass die Alliierten weiterhin auf ein Besatzungsstatut bestehen würden. Für ihn war die Errichtung eines Staates unter Besatzungsherrschaft unmöglich, da die gewährte Unabhängigkeit nur eine »Autonomie auf Widerruf« sei. Deswegen sollte – so Schmid – das Grundgesetz zeitlich begrenzt bleiben, solange das zukünftige Westdeutschland nur ein »Staatsfragment« sei. Eine spätere deutsche Verfassung dürfe jedoch nicht aus einer bloßen Abänderung des Grundgesetzes entstehen. Zu guter Letzt verstieg sich Schmid zu der – von der Presse aufgegriffenen – Behauptung, das Besatzungsstatut sei das »eigentliche« Grundgesetz.

Schmid versteckte sich hinter dem Besatzungsstatut und scheute eine eigene kraftvolle Entscheidung. Auf seine scharfen Attacken gegen die Besatzungsmächte hin zur Rede gestellt, erklärte Schmid einige Tage später dem amerikanischen Verbindungsoffizier Simons, dass er durch Erfahrungen in der französischen Besatzungszone geprägt sei. Zugleich betonte er aber, dass seine Meinung vollständig mit der offiziellen Position der SPD übereinstimme.

Letzteres stimmte nicht: Die SPD-Ministerpräsidenten hatten sich – wenigstens bisher – anders positioniert. Der einflussreiche hessische SPD-Politiker Hermann Brill, der zwar nicht Mitglied des Parlamentarischen Rates war, aber Teilnehmer des Verfassungskonvents in Herrenchiemsee, hatte in dieser Frage eine dezidiert gegenteilige Auffassung. Auch die Berliner

Sozialdemokraten waren aus naheliegenden Gründen an der baldigen Errichtung eines deutschen Weststaates interessiert.

Eine stärkere Abneigung gegen die Besatzungsmächte als Schmid legten im Parlamentarischen Rat nur noch die beiden KPD-Abgeordneten an den Tag.

Der CDU-Abgeordnete Adolf Süsterhenn, der wenige Jahre zuvor maßgeblich an der Landesverfassung von Rheinland-Pfalz mitgewirkt hatte, zeigte sich am 8. September 1948 in seiner Plenarrede viel selbstbewusster: Auch wenn die Besatzungsmächte den Anstoß zur Bildung des Parlamentarischen Rates gegeben hätten, so bedeute das noch längst nicht, dass die Abgeordneten ihr Mandat von den Besatzungsmächten abzuleiten oder sich gar als »ausführendes Organ eines fremden Willens« zu betrachten hätten.

Theodor Heuss (FDP) schließlich warnte schon am 1. September 1948 vor einem »Schielen« nach den Vorschriften der Alliierten und umgekehrt vor einem »unfruchtbaren Protestieren« gegen deren Stellungnahmen oder Eingreifen. Er plädierte, anders als bisher die Ministerpräsidentenkonferenz, sogar für ein Grundgesetz, das nicht provisorisch sein sollte.

Konrad Adenauer

Zuversichtlich und zugleich rigoros äußerte sich Konrad Adenauer (CDU) unmittelbar nach seiner Wahl zum Präsidenten des Parlamentarischen Rates am 1. September 1948. Für ihn sei der Rat zwar »durch einen Akt der Militärgouverneure« einberufen worden, aber im Rahmen der ihm gestellten Aufgaben »völlig frei und völlig selbstständig«. Diese Selbstständigkeit beanspruchte Adenauer auch gegenüber den Ministerpräsidenten. Hinter solchen Formulierungen verbarg sich nicht nur Zweckoptimismus, sondern sein tiefes Selbstverständnis von parlamentarischer Demokratie. Im Übrigen hatte sich Adenauer auch schon ganz anders geäußert: Die Londoner Empfehlungen vom Juni 1948 hatte er in privaten Kreisen noch als »katastrophal« bezeichnet und behauptet, der Versailler Vertrag von 1919 sei »dagegen ein Rosenstrauß« gewesen.

Der Jurist Dr. h.c. Konrad Adenauer war für die Nationalsozialisten einer der verhasstesten Demokraten aus der untergegangenen Weimarer Republik. Er war 16 Jahre lang Kölns Oberbürgermeister (1917–1933), und noch im Januar 1933 wurde er als Präsident des preußischen Staatsrats (1921–1933) bestätigt.

Die NS-Propaganda schürte gegen ihn den sogenannten »Volkszorn«. In der Nacht vom 12. auf den 13. März 1933 skandierten vor seinem Wohnhaus aufmarschierende SA-Uni-

Konrad Adenauer im Plenum des Parlamentarischen Rates unmittelbar vor seiner Wahl zum Präsidenten des Parlamentarischen Rates am 1. September 1948

formierte: »Adenauer an die Mauer!« An Leib und Leben bedroht, erhielten er und seine Familie Unterschlupf im Caritas-Institut in Köln-Hohenlind, später versteckte sich Adenauer ohne seine Familie in der bedeutenden Eifeler Benediktinerabtei Maria Laach (bis April 1934) und lebte dann – beobachtet von den Nazis – in Potsdam-Babelsberg.

Seit 1935 lebte Adenauer in Rhöndorf, südlich von Bonn auf der anderen Seite des Rheins gelegen. Er sah sich selbst nur als »betrachtender Beobachter«. Seine Briefe wurden mitgelesen, sein Telefon abgehört und sein Haus überwacht. Infolge des gescheiterten Attentats gegen Hitler am 20. Juli 1944 wurde Adenauer im August 1944 inhaftiert und am 26. November 1944, dem Festtag des heiligen Konrad von Konstanz, seinem Namenstag, aus der Haft entlassen. Das war für den Katholiken Adenauer kein Zufall oder Glück, sondern ein symbolhaftes Datum und Ausdruck des Willens Gottes.

Schon am 4. Mai 1945 hatten die amerikanischen Besatzungstruppen Adenauer als Kölner Oberbürgermeister wieder eingesetzt; nach der Neueinteilung der Besatzungszonen hatte ihn aber die britische Militärverwaltung am 6. Oktober 1945 mit dem Vorwurf »unterlassener Pflichterfüllung« des Amtes wieder enthoben.

Im August 1945 trat Adenauer der »Christlich Demokratischen Partei« (CDP) bei. Sie war eine der vielen Regionalparteien, die sich am 16. Dezember 1945 zur Christlichen Demokratischen Union Deutschlands (CDU) zusammenschlossen. Schon am 22./23. Januar 1946 gelangte Adenauer als »Ältester« an die Spitze der CDU in der britischen Besatzungszone und setzte sich bei der ersten Wahl des Parteivorsitzenden der CDU in der britischen Besatzungszone durch. So blieb Adenauer, auch wenn er nicht mehr Kölner Oberbürgermeister war, in der britischen Besatzungszone eine politische Größe, an der die Alliierten nicht vorbeigehen konnten. Seine Wahl zum Mitglied des Parlamentarischen Rates im August 1948 durch den Nordrhein-Westfälischen Landtag war unausweichlich geworden.

Seit dem 12. Juli 1948 stand sein Name ganz oben auf der in den westdeutschen Staatskanzleien und Ministerpräsidentenbüros kursierenden Liste jener Politiker, die in den Parlamentarischen Rat gewählt werden sollten. Später behauptete Adenauer, der nordrhein-westfälische Ministerpräsident Karl Arnold (CDU) hätte ihn »geradezu genötigt«, Mitglied im Parlamentarischen Rat zu werden. Arnold hielt Adenauer für »auch rangmäßig allen führenden Männern unserer Partei überlegen«.

Repräsentant der westdeutschen Bevölkerung

In offener Wahl durch Handzeichen wurde Konrad Adenauer in der konstituierenden Sitzung am 1. September 1948 zum Präsidenten des Parlamentarischen Rates gewählt. Längst war seine Autorität allseits anerkannt, und seine parlamentarischen Erfahrungen garantierten einen reibungslosen Ablauf der Plenarversammlungen. Es war fortan Adenauers Aufgabe, für eine Atmosphäre zu sorgen, in der das Grundgesetz erfolgreich ausgearbeitet und verabschiedet werden konnte.

Die letzten Jahre des politischen Deutschlands waren durch ein »Auseinanderwursteln« gekennzeichnet, wie sich Adenauer selbst ausdrückte. Jetzt wollte man aus »der Freiheit der verantwortungsbewussten Meinungsbildung und Meinungsäußerung« das »Vertrauen zur Arbeit des Rates nicht irre machen«.

Seine erste Aktion als Parlamentspräsident war es, die Berliner Vertreter, die unter den Zuschauern saßen, demonstrativ in die Reihen der Abgeordneten zu bitten. Es war eine große Geste. Der Parlamentarische Rat sollte ein »Haus der Deutschen« sein, wie Ministerpräsident Karl Arnold noch wenige Minuten zuvor beim Festakt formuliert hatte. Deswegen wehte auch, während der Parlamentarische Rat tagte, die schwarz-rot-goldene Flagge.

Im Gegenzug zur Präsidentschaft Adenauers erhielt den – wie die SPD zunächst annahm – viel einflussreicheren Vorsitz

Der Vorsitzende des Hauptausschusses Carlo Schmid im Parlamentarischen Rat 1949

im Hauptausschuss ihr Fraktionsvorsitzender Carlo Schmid. Erst viel später erkannte die SPD die Wahl Adenauers zum Präsidenten als einen »entscheidenden Fehler«. Sie hatte den 72-jährigen Adenauer völlig unterschätzt und das Amt des Parlamentspräsidenten auch. Dieser beschränkte sich nicht auf die Leitung der Plenarberatungen. Durch seine Begegnungen mit den Ministerpräsidenten und vor allem mit den alliierten Militärgouverneuren war Adenauer in das Rampenlicht der gesamten deutschen Öffentlichkeit und in eine politische Schlüsselposition geraten, die seine weitere Karriere als maßgeblicher Politiker in der späteren Bundesrepublik Deutschland begünstigte.

Die Mittlerrolle des Präsidentenamtes erlaubte es ihm, sich weitgehend aus dem Parteiengezänk herauszuhalten, was ihn jedoch nicht hinderte, in der eigenen Fraktion und Partei mit umso größerer Autorität seine Meinung zu vertreten. Im Parlamentarischen Rat stellte Adenauer die schon 1950 von Clay gelobten »staatsmännischen Qualitäten« unter Beweis. Ein größeres Lob hätte es kaum geben können, auch wenn es von dem amerikanischen Oberbefehlshaber für Europa und Militärgouverneur in Deutschland kam.

Mit seiner Wahl zum Parlamentspräsidenten war Adenauer der einzige deutsche Politiker, der für sich in Anspruch nehmen konnte, die gesamte westdeutsche Bevölkerung zu vertreten. Das war auch seine persönliche Auffassung, und er versuchte, diesen Anspruch auszufüllen. Dazu gehörten zum Beispiel die von ihm mitgetragene Erklärung vom 15. September 1948 zu den Willkürurteilen des sowjetischen Militärgerichts gegen fünf Demonstranten sowie die Stellungnahme des Parlamentarischen Rates vom 22. September 1948 zur Ermordung des Präsidenten des Schwedischen Roten Kreuzes, Graf Folke Bernadotte, in Israel.

Doch der Parlamentarische Rat sollte sich an seine klar umschriebenen Aufgaben halten, wie die Militärgouverneure Adenauer am 29. September 1948 deutlich wissen ließen. Genauso deutlich antwortete Adenauer, dass der Parlamentarische Rat sich selbstverständlich an seinen Auftrag halten werde, und kündigte zugleich an, wie es in einer Gesprächsnotiz heißt: »Es könnten sich aber auch in Zukunft Situationen ergeben, die so seien, dass der Parlamentarische Rat gezwungen sei, über den ihm gesteckten Rahmen hinauszugehen.« Mit einer gewissen Selbstzufriedenheit notierte Adenauer: Seine Erklärung sei von den Verbindungsoffizieren »mit Stillschweigen hingenommen« worden.

Parlamentspräsident Konrad Adenauer hatte die Ministerpräsidenten im Laufe der Grundgesetzarbeit aus ihrer Verantwortung als »Treuhänder des deutschen Volkes« (Hans Ehard) abgelöst.

Im »Fall Reimann« zum Beginn des Jahres 1949 kam Adenauers Selbstverständnis als Präsident einzigartig zum Ausdruck, weshalb diese isolierte Begebenheit bereits an dieser Stelle erzählt werden soll. Die Affäre um den KPD-Abgeordneten Max Reimann berührte vor allem die rechtliche Stellung des Parlamentarischen Rates gegenüber den Militärregierungen.

Der »Fall Reimann«

Max Reimann war von einem britischen Militärgericht in Düsseldorf wegen einer öffentlichen Äußerung der Prozess gemacht worden. Er unterstellte Mitgliedern des Parlamentarischen Rates, mit den Alliierten zu »kollaborieren«, und bezeichnete sie als »Quislinge« und »alliiertes Hilfspersonal«. Mit dem Vergleich einzelner Abgeordneter mit Vidkun Quisling, dem norwegischen Kriegsminister, dessen faschistische Bewegung »Nasjonal Samling« mit Adolf Hitler kooperiert hatte, verglich Reimann nach Auffassung des britischen Militärgerichts implizit die Alliierten mit den Hitler`schen Truppen.

Reimann entzog sich der Verhaftung zunächst durch Flucht in die Sowjetische Besatzungszone. Kurze Zeit später fasste man ihn in Düsseldorf und verurteilte ihn am 1. Februar 1949 zu drei Monaten Haft.

Mit Haftantritt konnte Reimann seine Arbeit im Parlamentarischen Rat nicht fortführen. Präsident Adenauer hatte deswegen schon am 19. Januar 1949 vorgeschlagen, im »Fall Reimann« an die britische Militärverwaltung heranzutreten. Es war ein Präzedenzfall geschaffen worden. Galt denn nicht auch für einen Abgeordneten des Parlamentarischen Rates der Schutz der Immunität vor einem Militärgericht?

In einem Schreiben an General W. Henry Alexander Bishop, den Kommandeur der britischen Militärregierung von Nordrhein-Westfalen, bat Präsident Adenauer am 2. Februar 1949 darum, die Vollstreckung der Strafe gegen Reimann bis zum

Abschluss der Arbeiten des Parlamentarischen Rates auszusetzen. Das Schreiben wurde abschlägig beschieden, weshalb eine Delegation von Parlamentariern General Bishop den Wunsch des Parlamentarischen Rates zusätzlich persönlich vortrug – ebenfalls ohne Erfolg. Der eingeforderte Immunitätsschutz gelte bei Landtagsabgeordneten, aber nicht für die Mitglieder des Parlamentarischen Rates. Dieser sei ja nur ein »indirektes Parlament«, dessen Mitglieder nicht vom Souverän, dem Volk, gewählt worden seien.

Erst nach der presseöffentlichen Diskussion im Hauptausschuss am 8. Februar 1949 und mit Unterstützung von General Robertson wurde die Haftverbüßung Reimanns ausgesetzt und dieser am 12. Februar 1949 entlassen.

Begegnungen mit den Verbindungsoffizieren

Ungezählt sind die informellen und privaten Kontakte zwischen Mitgliedern des Parlamentarischen Rates und den Alliierten. Begegnungsmöglichkeiten boten sich bereits, wenn Mitglieder der alliierten Verbindungsbüros in die Pädagogische Akademie kamen, um an öffentlichen Sitzungen des Parlamentarischen Rates teilzunehmen, für die die Alliierten eine Anzahl von übertragbaren Einladungskarten bekamen.

Im November 1948 klagte Adenauer gegenüber dem amerikanischen politischen Berater Robert D. Murphy, mehrfach hätten auf Dinners bei den Verbindungsstäben Abgeordnete unter Alkoholeinfluss aus dem Geschehen des Parlamentarischen Rates geplaudert. Das hatte Adenauer am 10. Januar 1949 in einer Pressekonferenz auch öffentlich angeprangert, nachdem er selbst im Zusammenhang mit der »Frankfurter Affäre« (vgl. Kapitel 7) schwer unter Beschuss seiner politischen Gegner geraten war. Er führte wortwörtlich aus:

»*... ich wundere mich umso eher darüber, als doch wahrhaftig bisher auch Vertreter der Sozialdemokratischen Partei,* *auch Vertreter der CDU und der anderen Parteien zu meinem Bedauern sage ich, bei den Verbindungsstäben hier, fast kann man sagen, morgens, mittags und abends zu finden sind. Da frage ich nun in aller Welt, was tun die Herren denn hier bei den Verbindungsstäben? Bei den Verbindungsstäben sprechen sie doch nur über diese in Arbeit befindliche Sache. Da ziehe ich es vor, dass eine Delegation des Parlamentarischen Rates von Zeit zu Zeit mit den Gouverneuren selbst Rücksprache nimmt und nicht mit den Offizieren der Verbindungsstäbe bei so und so vielen Cocktails dazu reden. Das finde ich nicht recht. Das habe ich auch schon sagen lassen, dass ich das für nicht richtig finde, dass sie mit ihren Einladungen zurückhaltender sein sollten. Wenn Sie darüber einmal ein Wort schreiben wollten, wäre ich dankbar. Das halte ich für unwürdig, sich dort aushorchen zu lassen.«*

Auch Adenauer suchte, wie nachfolgend dargestellt, wiederholt das Gespräch mit alliierten Vertretern oder schickte seinen persönlichen Referenten Herbert Blankenhorn. Seine Gespräche waren vertrauensbildende Maßnahmen und trugen zum gegenseitigen Meinungsaustausch bei.

In den 1980er Jahren ist aus den Akten der alliierten Besatzungsmächte bekannt geworden, dass die Telefone im Parlamentarischen Rat abgehört wurden. Doch ist der Umfang der Erkenntnisse, die durch die Abhöraktionen gewonnen wurden, nicht bekannt.

4. Die »Empfehlung« der Generäle vom 20. Oktober 1948

Die Übermittlung des »Statement of the President«

Gut eineinhalb Monate arbeitete der Parlamentarische Rat bereits, als am 20. Oktober 1948 erstmals die Ergebnisse der Fachausschüsse zusammengetragen und öffentlich im Plenum erörtert werden sollten. Überraschenderweise meldeten sich schon am 19. Oktober die alliierten Verbindungsstäbe auf Anweisung der Militärgouverneure beim Parlamentarischen Rat, um Präsident Adenauer ein »Statement« über die Verteilung der Machtbefugnisse auf dem Finanzgebiet zu übermitteln. Doch Adenauer musste den Termin absagen. Er wollte zu einer internationalen europapolitischen Tagung nach Interlaken in die Schweiz. Infolge eines Verkehrsunfalls am 19. Oktober 1948 konnte er aber seine Reise erst am 20. Oktober antreten.

Stellvertretend für Adenauer wurde Vizepräsident Adolph Schönfelder (SPD) am 20. Oktober 1948 für 15 Uhr von den alliierten Verbindungsstäben einbestellt.

Hans Simons (USA), Rolland Chaput de Saintonge (England) und Jean Laloy (Frankreich) behandelten in der Besprechung mit Adolph Schönfelder die Frage des Finanzwesens des zukünftigen deutschen Staates. Einleitend schmeichelten sie Schönfelder, dass sie »sowohl von der Schnelligkeit als auch von der Qualität der Arbeit [des Parlamentarischen Rates] positiv beeindruckt« seien.

Unter deutlichem Hinweis auf das Genehmigungsverfahren durch die Militärgouverneure sprachen die Verbindungsoffiziere dann über die Zusammenhänge zwischen den finanziellen Befugnissen von Bund und Ländern auf der einen und der

Gesetzgebungskompetenz des Bundes auf der anderen Seite. Die Alliierten gestanden ein, wie schwierig es sei, die bisherigen Vorschläge zur Finanzverwaltung abschließend zu beurteilen. Doch sie sahen beim derzeitigen Stand der Grundgesetzberatungen mit der Länderkammer kein wirkliches Gegengewicht zum Bundesparlament und zur Bunderegierung. Die Länder waren ihrer Meinung nach nicht ausreichend repräsentiert. Insofern machten sich die Militärgouverneure ernsthafte Sorgen, ob die bisherigen Entscheidungen im Einklang mit den Frankfurter Dokumenten stünden.

Vizepräsident Schönfelder hielt die Vorschläge der Alliierten zur Finanzverwaltung für »technisch unmöglich«, da sie eine doppelte Steuerverwaltung (in Bund und Ländern) erfordern würden. Das sei kostspielig und unpraktisch und für Deutschland gegenwärtig nur »schädlich«. Außerdem war Schönfelder der Ansicht, eine zukünftige Bundesregierung mit eingeschränkter Gesetzgebungsbefugnis begünstige nur partikularistische oder separatistische Bemühungen einiger Länder – damit meinte er vor allem Bayern.

Doch die Entwürfe des Finanzausschusses – so die Verbindungsoffiziere – widersprächen den alliierten Grundsätzen. Auch gaben sie zu bedenken, dass ein »diktatorisches Regime« zweifellos das wirtschaftlichste und verwaltungstechnisch effizienteste sein könne, aber dennoch schlecht, weil es undemokratisch sei. Deutschland, so die Auffassung der Offiziere, müsse einige Opfer bringen, um demokratisch zu werden; die Sache sei es wert.

Zum Ende des Gespräches wurde Schönfelder ausdrücklich gebeten, die Ansichten der Militärgouverneure an die Mitglieder des Parlamentarischen Rates zu übermitteln.

Doch das machte Schönfelder nicht. Die Verbindungsoffiziere überreichten Schönfelder auch keinen ausformulierten Text. Er tauchte erst später auf und war als »Statement« und im Deutschen als »Erklärung an den Präsidenten des Parlamentarischen Rates« überschrieben.

Die SPD ignoriert das »Statement«

Schönfelder hatte über das »Statement« nur den Fraktionsvorsitzenden der SPD, Carlo Schmid, sowie den Finanzexperten der FDP-Fraktion, Hermann Höpker Aschoff, informiert.

Die Verbindungsoffiziere müssen erstaunt gewesen sein, als in der Plenarsitzung am Nachmittag des 20. Oktober kein Redner auf die »Empfehlung« einging. Doch unmittelbar nach dieser Sitzung kam Schönfelder auf Simons zu und bat diesen, das »Statement« mit Höpker Aschoff (FDP) zu besprechen. Das Gespräch fand am nächsten Tag statt. Es gab, wie Simons an General Clay knapp berichtete, »eine ziemlich lange Diskussion über technische Aspekte der Angelegenheit«.

Höpker Aschoff ging in seiner Plenarrede am 21. Oktober 1948 zwar inhaltlich auf das alliierte Statement ein, aber ohne die »Empfehlung« der Alliierten zu erwähnen. Seine Auffassung übermittelte er dann am 28. Oktober den alliierten Verbindungsstäben in einem mehrseitigen Schreiben auch noch schriftlich in englischer Sprache.

Den eigentlichen Sprengstoff des etwas umständlich formulierten »Statements« hatte Schönfelder nicht erkannt, obwohl es ihm in deutscher Sprache vorgetragen wurde. Vielleicht hatte Schönfelder es aber auch deswegen verschwiegen, weil die Haltung der Alliierten bayerische Interessen begünstigte, wie man in der CSU vermutete. Für CSU-Positionen aber wollte sich der Sozialdemokrat Schönfelder nicht starkmachen.

Die CDU/CSU-Fraktion und auch Adenauer hatten selbst 14 Tage später keine offizielle Benachrichtigung über die alliierte »Empfehlung« von Schönfelder erhalten. So konnte der Parlamentarische Rat auch in keiner Weise auf diese erste alliierte Intervention reagieren.

In der Zwischenzeit hatte Adenauer informell – also nicht durch seinen Vizepräsidenten Schönfelder – von der Existenz des Dokuments Kenntnis erhalten und darüber hinaus mit den Verbindungsbüros vereinbart, zu einem Gedankenaustausch im Parlamentarischen Rat zusammenzukommen. Als Carlo Schmid von der bevorstehenden Begegnung erfuhr, bemerkte er gegenüber Präsident Adenauer beiläufig, nicht weiter nach den Meinungen der Alliierten zu fragen und ihr Schreiben vom 20. Oktober 1948 einfach in die Schublade zu stecken. Adenauer hielt sich nicht an diesen Rat und besprach das Schreiben bei nächster Gelegenheit mit den alliierten Verbindungsoffizieren.

Der Monolog des Präsidenten (10. November 1948)

Über das Gespräch vom 10. November 1948 gibt es von deutscher Seite keine Aufzeichnung. Aber ein amerikanisches Verlaufsprotokoll ist überliefert. Demzufolge war kein französischer Vertreter anwesend.

Eingangs bemerkte Adenauer, dass auch 14 Tage nach Überreichung der Erklärung an Schönfelder nichts bekannt geworden sei. Er habe, als er von dieser Angelegenheit erfahren habe, sofort Schönfelder aufgesucht. Dieser habe ihm erklärt, dass er das Gespräch als informell angesehen und ihm keine besondere Bedeutung beigemessen habe.

Adenauer verlas daraufhin die deutsche Übersetzung der Erklärung, wie sie ihm informell bekannt geworden war, und ließ sich die Authentizität des Wortlauts bestätigen. Adenauer bedauerte, dass er in dieser Angelegenheit nicht persönlich angesprochen und dass der Text an Schönfelder auch nicht schriftlich ausgehändigt worden sei.

Die Verbindungsoffiziere wiederum ließen keinen Zweifel daran, den offiziellen Charakter des Schreibens gegenüber Schönfelder sehr wohl herausgestellt zu haben. Deswegen bestand Adenauer darauf, zukünftig alle offiziellen Mitteilungen nur ihm persönlich oder dem Verwaltungschef des Parlamentarischen Rates zu übermitteln. Darüber hinaus missbilligte er die Weitergabe von Informationen durch Abgeordnete bei Cocktailpartys oder anderen Anlässen, weil so nur »Missverständnisse« entstünden und unnötig Verwirrung gestiftet würde.

Adenauer vertrat schließlich die Auffassung, dass die Kompetenzverteilung zwischen Bund und Ländern eine politische und dann erst eine finanzielle Frage sei. Er zeigte Verständnis für die Ansichten der Alliierten. Aber die Finanzverwaltung solle aus politischen Gründen und nicht aus finanziellen Gründen den Bundesländern übertragen werden.

Den Wunsch Adenauers, eine Sitzung des Parlamentarischen Rates in Berlin durchzuführen und Berliner Abgeordnete als Vollmitglieder in das künftige Parlament zu wählen, lehnten die Offiziere angesichts bestehender Differenzen zwischen Briten und Franzosen ab.

Adenauer erläuterte dann seinen eigenen Vorschlag zur Gestaltung der Länderkammer und des Parlaments. Zuversichtlich gab sich Adenauer, dass nicht nur die CDU, sondern mit großer Wahrscheinlichkeit auch die CSU seinem Vorschlag zustimmen werde.

Doch es kam anders: Die SPD bezeichnete Adenauers Vorschlag in der interfraktionellen Sitzung, die im Anschluss an das Gespräch mit den Verbindungsoffizieren stattfand, als rückschrittlich, weil der aktuelle Stand der Verhandlungen gar nicht berücksichtigt worden sei. Eilfertig zog Adenauer seinen Vorschlag zurück. Es war das einzige Mal, dass Adenauer sich mit einem eigenen Entwurfstext einbrachte. Nicht ohne Grund hatte auch die CDU Adenauer für das Amt des Parlamentspräsidenten in der Hoffnung empfohlen, ihn aus den verfassungsrechtlichen Details heraushalten zu können. So konnte Heuss am 24. April 1959 knapp feststellen: Im Grundgesetz stamme von Adenauer »kein Komma«.

Im weiteren Verlauf der Zusammenkunft mit dem amerikanischen und dem britischen Verbindungsoffizier bestand Adenauer darauf, dass das Besatzungsstatut vor der letzten

Lesung des Grundgesetzentwurfs bekannt gemacht werde und von vornherein Modifizierungen zulassen solle.

Der Gedanke über die Ermöglichung von regelmäßigen Revisionen des Besatzungsstatuts trieb Adenauer schon längere Zeit um; er war auch schon in den »Koblenzer Beschlüssen« der Ministerpräsidenten vom Juli 1948 enthalten. Eine schrittweise Aufhebung der Bestimmungen hielt Adenauer auch deswegen für notwendig, um dem deutschen Volk eine berechtigte Hoffnung auf Lockerungen besatzungsrechtlicher Beschränkungen für die Zukunft zu geben.

Zu guter Letzt erwähnte Adenauer in dem Gespräch mit Simons und Chaput de Saintonge sein Schreiben an die drei Militärgouverneure vom 1. September 1948, in dem er die Konstituierung des Parlamentarischen Rates bekannt gegeben hatte. Nur General Clay habe diesen Brief bestätigt. Angesichts des Vorwurfs, der Parlamentarische Rat habe das mündlich vorgetragene »Statement« der Alliierten nicht offiziell zur Kenntnis genommen, konnte sich Adenauer offenbar diesen Hinweis nicht verkneifen.

Dem amerikanischen Verlaufsprotokoll zufolge hat nur Adenauer gesprochen. Die Verbindungsoffiziere verstanden ihre Aufgabe nicht darin, mit dem Präsidenten in einen Dialog zu treten, sondern zuzuhören und Adenauers Vortrag ungeschminkt und unkommentiert den Militärgouverneuren zu übermitteln.

Von deutscher Seite gab es keinerlei Aufzeichnungen oder Gedächtnisprotokolle des »Vortrags« des Präsidenten. Die einzige Information, die Adenauer aus dem Gespräch kommunizierte, war eine Bemerkung im Ältestenrat direkt im Anschluss an die Begegnung. Hier formulierte er: Der Parlamentarische Rat befinde sich mit der Empfehlung vom 20. Oktober »in der Arbeit an einem Diktat«.

5. Adenauer und Robertson in Bad Homburg (18. November 1948)

Der »Anhang H«

Am 16. November 1948 trafen sich die Militärgouverneure zu ihrer monatlichen Aussprache in Frankfurt am Main. Wieder einmal war General Kœnig der Bedenkenträger und Bremser. Dem Parlamentarischen Rat in Bonn sollte übermittelt werden, dass er »den falschen Weg« beschreite. Im Finanzbereich konzentrierten sich zu viele Kompetenzen beim Bund statt bei den Ländern. Clay zufolge hatten die Deutschen mit den Frankfurter Dokumenten aber viel zu spärliche Informationen erhalten. Sie waren nie angemessen über den Inhalt der Londoner Vereinbarungen informiert worden.

Dem Londoner Schlussdokument waren mehrere Anlagen beigegeben worden, die mit Buchstaben von »A« bis »L« durchbuchstabiert waren. Robertson schlug auf Clays Hinweis vor, den Parlamentarischen Rat über den Inhalt des »Anhangs H« zu informieren. Die Gouverneure verständigten sich daraufhin, dass diesem Aide-Mémoire nur noch das Verbot von Beamten als Mitglieder des zukünftigen Parlaments hinzugefügt werden sollte.

Mitschrift statt Diktat

Zwei Tage nach der Zusammenkunft der Militärgouverneure, am 18. November 1948, traf Adenauer auf Einladung zum Frühstück mit Robertson und dem britischen Diplomaten Christopher Eden Steel in Bad Homburg im Taunus zusammen. Bei diesem Gespräch kündigte Robertson das unter den Militärgouverneuren vereinbarte Memorandum bereits an, das die

Verbindungsoffiziere in den nächsten Tagen übermitteln würden. Adenauer bat daraufhin, ein schriftliches Aide-Mémoire mitzubringen, um Missverständnisse zu vermeiden. Doch Robertson wiederum wollte nicht den Anschein erwecken, auf den Parlamentarischen Rat würde irgendein Druck ausgeübt werden. Deswegen schlug er vor, kein Aide-Mémoire zu übergeben. Dieses sollte jedoch so langsam vorgelesen werden, dass Adenauer den Wortlaut stenografieren lassen könnte.

Robertson machte Adenauer im Übrigen mit dem Gedanken vertraut, Beamte nicht ins Parlament zu wählen.

Adenauer hielt es für erforderlich, nach Verabschiedung des Grundgesetzes im Parlamentarischen Rat keine Beanstandungen durch die Alliierten mehr vorzubringen. Vor Abschluss der Beratungen dürfe eine letzte Aussprache zwischen dem Parlamentarischen Rat und alliierten Vertretern stattfinden. Zu einer solchen Aussprache stünden, wie Robertson hervorhob, sogar die Militärgouverneure selbst zur Verfügung.

Auch zum Besatzungsstatut, das nach Aussage von Robertson in zwei bis drei Wochen fertig sein könnte, schlug dieser eine Aussprache des Parlamentarischen Rates mit den Militärgouverneuren vor.

Adenauer wiederholte nun seine Bitte, das Besatzungsstatut solle Lockerungen der Kontrollmaßnahmen bei fortschreitender Entwicklung der Lage vorsehen. Tatsächlich hatten die Verbindungsstäbe diese Anregung auch schon übermittelt, wie Robertson mitteilte. Es war bereits beschlossene Sache, dass in das Besatzungsstatut eine solche Revisionsklausel aufgenommen werden sollte.

Abschließend sprach sich Robertson noch gegen Bonn als zukünftigen Bundessitz aus, weil es für die Alliierten, »nicht tragbar sei, wenn man jetzt die Beamten der Zweizonenverwaltung [in Frankfurt], die doch ihre Pflicht getan hätten, plötzlich abbauen würde«. Auch müsste man für die Alliierten angemessene Unterkünfte in Bonn schaffen. Dazu notierte Adenauer: »Ich habe ihn wegen beider Punkte beruhigt.«

Spekulationen

Die Begegnung mit Adenauer kam zustande, weil Robertson sich nach dem Desaster mit Schönfelder im Oktober 1948 offensichtlich verpflichtet fühlte, eine angemessene Übergabe des offiziellen Memorandums an den Parlamentarischen Rat vorzubereiten. Das war ein besonderes Entgegenkommen der Alliierten.

Über seine Begegnung mit den Verbindungsoffizieren am 10. November 1948 hatte Adenauer keine eigenen Notizen erstellt. Hingegen hatte er über sein Gespräch mit Robertson eine umfangreiche Aufzeichnung gefertigt, die 1965 auch Eingang in den ersten Band seiner »Erinnerungen« fand. Adenauer unterrichtete auch die Vizepräsidenten und die Fraktionsvorsitzenden des Parlamentarischen Rates über das Gespräch. Dennoch kursierten nur »Spekulationen« über mögliche Gesprächsinhalte, weil sich in der Zwischenzeit auch General Robertson gegenüber Pressevertretern zum Grundgesetz geäußert hatte.

Der Abgeordnete Heinz Renner (KPD) brachte am 19. November 1948 im Hauptausschuss einen Antrag ein, wonach Adenauer gebeten werden sollte, Rechenschaft über sein Gespräch zu geben. Sein Antrag wurde zugunsten eines ähnlichen Antrags von SPD und CDU/CSU zurückgezogen. Doch wurde offengelassen, ob der Bericht in einer öffentlichen oder nichtöffentlichen Sitzung des Ausschusses abgegeben werden sollte. Theodor Heuss (FDP) und Hans-Christoph Seebohm (Deutsche Partei) enthielten sich bei dieser Abstimmung. Heuss begründete seine Enthaltung damit, dass solche Mitteilungen nicht für den Hauptausschuss, der bekanntlich presseöffentlich war, geeignet seien, und ergänzte wörtlich: »Ich will nicht beteiligt sein, wenn man Politisieren für Politik hält.«

Adenauer hatte den eingeforderten Bericht nie abgegeben, denn schon wenige Tage später kam es zur angekündigten Übergabe des »Anhangs H« zu den Londoner Empfehlungen vom Sommer 1948.

6. »Diktat« oder »Anleitung« – Das alliierte Memorandum vom 22. November 1948

»business over a cocktail«

Am 22. November 1948 sollte das Memorandum übermittelt werden. Der französische und der britische Verbindungsoffizier erreichten Adenauer am Vormittag des 21. November telefonisch und baten ihn – wie mit Robertson vereinbart –, den Inhalt des Schreibens entgegenzunehmen. Geradezu überraschend lehnte Adenauer eine Begegnung in Räumlichkeiten der Verbindungsstäbe ab. Tatsächlich ging Adenauer in seinem Gespräch mit Robertson davon aus, dass die Offiziere zu ihm in den Parlamentarischen Rat kämen. Adenauer wünschte, wenn man etwas von ihm wolle, dann solle man sich schließlich auch zu ihm begeben. Verdutzt legten beide Anrufer auf.

Kurz darauf rief der amerikanische Verbindungsoffizier Simons an und versicherte Adenauer, dass man seine Absprachen mit Robertson vom 18. November berücksichtigen würde. Adenauer willigte unter dem Vorwand, einer Einladung zum Essen zu folgen, ein. Einer Vorladung zur Entgegennahme alliierter Anweisungen wollte er nicht Folge leisten. So berichtete der britische Verbindungsoffizier Chaput de Saintonge an Robertson etwas spöttisch: Adenauer ging den Geschäften bei einem Cocktail nach (»did business over a cocktail«).

Die Überredungskunst von Simons wurde später im Parlamentarischen Rat dahingehend gedeutet, dass Simons Adenauer mit einem Befehl zu erscheinen gedroht habe, wenn er nicht freiwillig käme. Aber dem war nicht so, wie die Quellen der Alliierten belegen. Das Taktieren Adenauers zeigt aber, mit welch großer Umsicht der Umgang mit den Alliierten gepflegt werden musste.

Ein »viertes« Frankfurter Dokument (22. November 1948)

In dem Memorandum der Militärgouverneure, das diese stets als Anleitung (»letter of guidance«) bezeichnet hatten, waren acht Punkte aufgelistet, die sie bei der abschließenden Prüfung des Grundgesetzes zur Grundlage nehmen wollten. Der Text entsprach im Wesentlichen dem besagten »Anhang H« der Londoner Außenministerkonferenz. Die Grundlagen waren:

1. Es sollten zwei Kammern mit genügenden Befugnissen der Länderkammer geschaffen werden;
2. die Befugnisse der Exekutive sollten in der Verfassung genau vorgeschrieben werden;
3. die Bundesregierung sollte eingeschränkte Befugnisse erhalten; insbesondere die Bereiche Polizei, Erziehungswesen, kulturelle und kirchliche Angelegenheiten, Selbstverwaltung und öffentliches Gesundheitswesen sollten in der Zuständigkeit der Länder bleiben;
4. die Bundesregierung sollte über die öffentlichen Finanzen nur Befugnisse erhalten, soweit sie Finanzmittel für sich selbst benötigte;
5. es sollte eine selbstständige Landesfinanzverwaltung geschaffen werden sowie eine unabhängige Gerichtsbarkeit zur Nachprüfung von Bundesgesetzen, zur Nachprüfung der Ausübung der Befugnisse der Bundesexekutive, zur Entscheidung über Streitigkeiten zwischen Behörden des Bundes und der Länder usw.;
6. es sollte klare Befugnisse der Bundesregierung zur Schaffung von eigenen Bundesbehörden geben, und das nur in jenen Verwaltungsbereichen, die durch Landesbehörden nicht durchführbar waren;
7. jeder Bürger sollte Zutritt zu öffentlichen Ämtern erhalten; seine Einstellung und Beförderung sollten ausschließlich von seiner Eignung abhängig gemacht werden; der öffentliche Dienst sollte einen unpolitischen Charakter erhalten;

8. ein Bediensteter im öffentlichen Dienst sollte vor Annahme der Wahl in eine Bundeslegislative aus dem Dienstverhältnis ausscheiden.

Nachdem die Verbindungsoffiziere das Schreiben vorgelesen hatten, weigerte sich Adenauer, das Schreiben selbst anzunehmen. Simons drohte daraufhin an, das Memorandum Journalisten zu übergeben. Er wusste, dass es für das Ansehen des Parlamentarischen Rates unvorteilhaft aussähe, wenn die Abgeordneten aus der Presse von dem Memorandum erfahren würden. Also nahm Adenauer das Schreiben – immerhin demonstrativ unwillig – an. Da Adenauer unmittelbar nach dem Termin mit den Verbindungsoffizieren für einige Tage zu Wahlkampfveranstaltungen nach Berlin reiste, erfuhren die Abgeordneten trotzdem von dem Memorandum erst aus der Presse.

Zurück zur Tagesordnung?

Das Memorandum vom 22. November 1948 enthielt tatsächlich wenig Überraschendes und auch keine extremen und gar unerfüllbaren Positionen. Aber das Ansehen des Parlamentarischen Rates war »angeknackt«, wie Vizepräsident Schönfelder sich am 25. November 1948 im Ältestenrat ausdrückte.

Carlo Schmid fürchtete »eine stückweise Einflussnahme« der Besatzungsmächte und empfahl, wie schon zu anderer Gelegenheit, »zur Tagesordnung« überzugehen oder aber die »Demarche« als Erläuterung zum Frankfurter Dokument Nr. I aufzufassen, was sie ja auch war. Nur – und das war zeitgenössisch nicht bekannt – dass dieser Text schon auf der Londoner Außenministerkonferenz verabschiedet worden und bisher den Deutschen nicht übermittelt worden war, eben auch nicht mit den Frankfurter Dokumenten.

Die Alliierten beteuerten inzwischen insbesondere gegenüber SPD-Abgeordneten, dass sie dem Parlamentarischen Rat keinesfalls ein »Diktat« vorgegeben hätten, sondern nur die Generallinie aufzeigen wollten, die zur Genehmigung des Grundgesetzes führen würde.

Von der SPD kam der stärkste Widerstand, da das Memorandum inhaltlich den Positionen der CDU/CSU-Fraktion weitgehend entgegenkam – obwohl die Alliierten erklärtermaßen gerade diesen Eindruck unbedingt vermieden wissen wollten.

Aber auch innerhalb der CDU – die nicht als Handlanger alliierter Interessen dastehen wollte – regte sich grundlegende Kritik. Der Vorsitzende des Finanzausschusses, Paul Binder (CDU), befürchtete, dass jetzt der Föderalismus nicht mehr als eine primär deutsche Angelegenheit, sondern als ein Mittel alliierter Besatzungspolitik erscheinen würde. Deutschlands Stärke sei stets der Föderalismus gewesen, der nun als dessen Schwächung angesehen werden könnte. Würden die Alliierten auf ihren Punkten bestehen, könnte das nur zur Folge haben, dass in Deutschland zentralistische Tendenzen gestärkt hervortreten würden und damit das Gegenteil erreicht würde.

Für die KPD war der Parlamentarische Rat nur noch »Vollzugsorgan der Besatzungsmächte«. Ohne Rücksicht auf den Volkswillen würden diese ihre Grundsätze in die Verfassung hineinformulieren.

Die SPD-Parole »zurück zur Tagesordnung« und der Entschluss des Hauptausschusses, seine Beratungen wie geplant fortzusetzen, waren Ausdruck für die Missachtung des Parlamentarischen Rates gegenüber dem alliierten Einmischungsversuch vom 22. November 1948. Auch der Finanzausschuss nahm das Memorandum nicht zur Kenntnis.

Nur Thomas Dehler hatte im parteiinternen »Informationsdienst« des FDP-Landesverbandes Bayern, der aber außerhalb der Partei kaum wahrgenommen wurde, am 4. Dezember 1948 formuliert: »Wir sind keine Beauftragten der Besatzungsmächte und werden es nicht sein.« Die Abgeordneten seien es »der Selbstachtung und Verantwortung vor unserem Volk« schuldig, nur nach ihrem Gewissen zu handeln.

7. Die »Frankfurter Affäre« vom 16./17. Dezember 1948

Britische Zuversicht und französische Obstruktion?

Am 5. Dezember 1948 gab es Wahlen für die Berliner Stadtverordnetenversammlung. Ihnen kam angesichts der Berlin-Blockade und der großen Angst vor Versorgungsengpässen in der Stadt eine besondere Bedeutung zu. Spitzenpolitiker aller Parteien reisten eigens aus Westdeutschland an, um ihre Verbundenheit und Solidarität mit der eingekesselten Stadt zu demonstrieren und ihre eigenen Parteifreunde zu unterstützen. Die Botschafter der alliierten Siegermächte in Berlin nutzten wiederholt die Gelegenheit, mit den westdeutschen Spitzenpolitikern zusammenzutreffen.

Der Parteivorsitzende der SPD, Kurt Schumacher, litt noch an den Folgen von Haft und Folter während der nationalsozialistischen Zeit. Für ihn kam zwei Tage nach der Überreichung des alliierten Memorandums an Adenauer sein Stellvertreter Ollenhauer nach Berlin und traf dort mit dem britischen Diplomaten Christopher Eden Steel zusammen.

Steel hatte sich unverblümt bei Ollenhauer über die Haltung der SPD-Fraktion im Parlamentarischen Rat beklagt und sich sehr beunruhigt über den »doktrinären und meinungsfreudigen Professor« Carlo Schmid geäußert. Diesen machte Steel dafür verantwortlich, dass die ganze SPD-Fraktion eine Einmischung der Militärgouverneure in die Verfassungsberatungen des Parlamentarischen Rates für unzulässig hielt. Steel kritisierte gegenüber Ollenhauer die Äußerungen Schmids, die Westmächte würden auf eine erfolgreiche Verfassungsarbeit drängen und alles akzeptieren, was ihnen der Parlamentarische Rat vorlegen werde. Diese Haltung, so Steel zu Ollenhauer, beruhe jedoch auf einer »sehr bedenklichen Fehleinschätzung« seitens des Bonner SPD-Fraktionsvorsitzenden.

Ollenhauer lenkte ein und verstieg sich in diesem Gespräch sogar zu der Erkenntnis, die Punkte des Memorandums vom 22. November seien »im Allgemeinen sehr milde« und die Finanzfragen stünden nicht im Widerspruch zu den Ansichten seiner Partei; sie seien für die SPD sogar durchaus »akzeptabel«. Er sicherte zu, mit Schmid darüber zu sprechen. Steel deutete in einem Bericht an Robertson an, welch ernste Schwierigkeiten entstehen könnten, wenn die SPD im Parlamentarischen Rat auf ihrer Haltung beharre.

Sicherlich: Schmid war eine gewisse Eitelkeit nicht abzusprechen. Er gefiel sich in der Rolle des Fundamentaloppositionellen. Aber weil das Grundgesetz einvernehmlich von beiden großen Parlamentsfraktionen beschlossen werden sollte, störten sich an seiner sturen Haltung inzwischen auch die Alliierten.

Wie erfolgreich Steel bei seinen Bemühungen war, ist allerdings unklar. Die Bonner SPD fühlte sich in ihrer bisherigen Haltung weiterhin bestätigt, weil britische Verbindungsoffiziere in Einzelbegegnungen in den ersten Dezembertagen 1948 mit einer Zustimmung aller drei Militärgouverneure zum Grundgesetz rechneten, auch wenn dieses nicht ganz nach dem Willen der Alliierten ausfallen würde.

Hinter derlei Aussagen verbarg sich kein Wunschdenken der SPD. Vielmehr regierte in Großbritannien seit 1945 die Labour Party. Die »Arbeitspartei« stand im engen Austausch mit der SPD in Deutschland, die während des Zweiten Weltkrieges als Exilpartei in London »überwintern« konnte. So soll die SPD schon an der Absetzung Adenauers als Oberbürgermeister von Köln im Oktober 1945 erfolgreich mitbeteiligt gewesen sein. Nun wurde auch noch aus dem britischen Verbindungsbüro gegenüber Mitgliedern der SPD-Fraktion im Parlamentarischen Rat bekräftigt, dass die Briten keine »Hardliner« seien und die Grundgesetzgenehmigung wenigstens an ihrem Veto nicht scheitern würde.

Tatsächlich war ein Veto allenfalls aus Paris zu erwarten, auch wenn zur französischen Haltung eine zuverlässige Prognose zu dieser Zeit nicht abgegeben werden konnte. General Kœnig war wiederholt bei den gemeinsamen Verhandlungen mit seinen Kollegen Clay und Robertson als Quertreiber oder zumindest Bremser aufgefallen, der mit Nachdruck auf die Durchsetzung föderalistischer Ziele drängte.

Anfang Dezember 1948 kam der Sonderberater des französischen Außenministeriums für Deutsche Angelegenheiten, Botschafter André François-Poncet hinzu. Er war schon in der Schlussphase der Weimarer Republik Botschafter in Deutschland gewesen und traf sich zu Gesprächen mit Bonner Politikern. Über die Inhalte wurde jedoch nichts bekannt. Ob er eine größere Kompromissbereitschaft seitens Frankreichs in Deutschland signalisieren sollte?

Adenauer wenigstens gab sich wegen der französischen Haltung wenig optimistisch. In einem Gespräch mit Schmid am 7. Dezember 1948 hielt er es für verantwortungslos, im Parlamentarischen Rat etwas zu schaffen, was die Ablehnung des Grundgesetzes durch die Franzosen zur Gewissheit machen würde.

Während Adenauer aus Sorge, die Alliierten könnten das Grundgesetz ablehnen, das persönliche Gespräch mit den Generälen suchte, hatte er gleichzeitig hinter verschlossenen Türen im Ältestenrat des Parlamentarischen Rates formuliert, der Parlamentarische Rat arbeite nach einem »Diktat der Alliierten«. Umso demonstrativer betonte er in der Öffentlichkeit die Unabhängigkeit des Parlamentarischen Rates.

In Übereinstimmung mit dem Ältestenrat

Ohne eine Rückversicherung im Ältestenrat, in einem interfraktionellen Gremium oder in der eigenen Fraktion schlug Adenauer schon im Gespräch mit General Robertson am 18. November 1948 vor, dass vor Abschluss der Beratungen im

Parlamentarischen Rat eine Aussprache mit alliierten Verbindungsstäben erfolgen sollte. Robertson stellte daraufhin sogar in Aussicht, dass auf Wunsch des Parlamentarischen Rates auch ein Zusammentreffen mit den Militärgouverneuren möglich sei.

Inzwischen stand der Parlamentarische Rat unmittelbar vor dem Abschluss der ersten Lesung im Hauptausschuss. Obwohl sich die Verhandlungen als langwierig und zäh erwiesen, machte Adenauer nur einige wenige Abgeordnete in Einzelgesprächen mit seiner Absicht vertraut, die Generäle zu treffen. Solange sich insbesondere die SPD über das Memorandum vom 22. November 1948 echauffierte, schien Adenauer der Zeitpunkt ungünstig, im Ältestenrat das beabsichtigte Treffen mit den Militärgouverneuren zu erörtern.

Erst am 30. November 1948 teilte er beiläufig im Ältestenrat mit, dass die Militärgouverneure, so Robertson, bereit seien, den Grundgesetzentwurf zu besprechen. Ohne eine weitere Aussprache unterbreitete Adenauer schon am 2. Dezember dem Ältestenrat den Vorschlag zu einer Besprechung mit den Alliierten. Da es keinen unmittelbaren Widerspruch gab, ließ Adenauer sofort ein – durch den Abteilungsleiter und Sekretär des Parlamentarischen Rates, Kajus Köster, vorbereitetes – gleichlautendes Schreiben an alle drei Militärgouverneure schicken.

In dem Schreiben vom 2. Dezember 1948 unterrichtete Adenauer die Generäle, dass die Beratungen des Parlamentarischen Rates um den 12. Dezember 1948 mit dem Abschluss der zweiten Lesung weit fortgeschritten seien. Er schlug eine informelle und vertrauliche Besprechung zwischen den Militärgouverneuren und Mitgliedern des Parlamentarischen Rates vor, um danach »eine möglichst schnelle und reibungslose Verabschiedung und Genehmigung des Grundgesetzes« herbeiführen zu können. Doch wies er auch darauf hin, dass das Grundgesetz noch nicht seine endgültige Fassung habe, dafür aber das Besatzungsstatut der Alliierten vorliegen dürfe. Die Kenntnisnahme des Besatzungsstatuts vor der Beschlussfassung über das Grundgesetz wiederum sei »sehr wertvoll«.

Während General Robertson schon am 18. November 1948 die Absichten Adenauers begrüßte, sah sein amerikanischer Kollege einem solchen Gespräch eher gleichgültig entgegen. Clay drängte aber intern darauf, sich in der Besprechung auf allgemeine Aussagen zu beschränken, die über das Kommuniqué der Londoner Sechsmächtekonferenz beziehungsweise die Frankfurter Dokumente vom 1. Juli 1948 nicht hinausgehen sollten. Damit war eine Begegnung zwischen den Militärgouverneuren und den Abgeordneten des Parlamentarischen Rates eigentlich überflüssig, nur dass die Bonner Parlamentarier – auch Adenauer – die Haltung Clays nicht kannten.

Am 2. Dezember 1948, noch am gleichen Tag, an dem Adenauer um das Gespräch bei den Militärgouverneuren nachgesucht hatte, baten die Militärgouverneure über ihre Verbindungsoffiziere um konkrete Fragen zu den Grundzügen des Besatzungsstatuts. Das war ein deutlicher Hinweis, dass die Alliierten einen Gesamtentwurf des Besatzungsstatuts noch nicht vorlegen würden.

Im Parlamentarischen Rat hatte in aller Eile ein Unterausschuss des Ausschusses für das Besatzungsstatut »Thesen zum Besatzungsstatut« als Besprechungsgrundlage abgefasst, die am 10. Dezember 1948 im Hauptausschuss verhandelt und modifiziert wurden.

Die Aktivitäten im Parlamentarischen Rat kamen Adenauer sehr entgegen, denn sie lenkten von seiner ursprünglichen Initiative ab, über das Grundgesetz zu sprechen. Carlo Schmid verbreitete am 3. Dezember 1948 im Ausschuss für das Besatzungsstatut inzwischen die Auffassung der Bonner alliierten Verbindungsbüros, dass die Generäle vom Parlamentarischen Rat gar keine Vorschläge zum Besatzungsstatut erwarten würden.

Dennoch hatte der Hauptausschuss am 10. Dezember 1948 den »Thesen zum Besatzungsstatut« zugestimmt; eine Aussprache hatte es jedoch nicht gegeben, weil die KPD-Abgeordneten keine Vertraulichkeit der Beratungen zusichern wollten. Der Umstand, dass der Hauptausschuss sich aber mit dem Besatzungsstatut befasst hatte, bekräftigte die Erwartungen, die Verhandlungen mit den Militärgouverneuren hätten das Besatzungsstatut zum Gegenstand.

Adenauer drückte bei seinen Begegnungen mit Chaput de Saintonge und Laloy in den ersten Dezembertagen insbesondere die Hoffnung aus, über das Besatzungsstatut zu sprechen. Die Militärgouverneure hatten sich anscheinend ebenfalls darauf eingestellt. Da schon bald erkennbar war, dass die zweite Lesung des Grundgesetzentwurfes im Hauptausschuss bis zum Gesprächstermin mit den Alliierten nicht abgeschlossen werden konnte, wurde unter den Abgeordneten der Wunsch nach einer Behandlung des Besatzungsstatuts umso größer.

Im Parlamentarischen Rat herrschten in diesen Tagen allgemeine Nervosität und Reizbarkeit. Die mageren Ergebnisse und Mängel der bisherigen Grundgesetzarbeit in den Fachausschüssen waren offen zutage getreten; die allseits ersehnten Kompromisse insbesondere in Finanzfragen und in Fragen der Gestaltung der Länderkammer (Bundesrat oder Senat) waren nicht herbeigeführt worden. Hinzu kam, dass der Wahlrechtsausschuss schon am 3. November 1948 seine Verhandlungen ergebnislos abgebrochen hatte.

Gleichzeitig aber waren die Erwartungen an das bevorstehende Treffen mit den Militärgouverneuren, das auf den 16./17. Dezember 1948 in Frankfurt angesetzt worden war, sehr hoch. Zwar hatte der Ausschuss für das Besatzungsstatut seine Arbeit geleistet, trotzdem wurde das Treffen – wie sich später zeigen sollte – nicht annähernd ausreichend vorbereitet. Keinerlei Vereinbarungen über die Vorgehensweise und die anzusprechenden Inhalte wurden getroffen. Stattdessen gab es auf beiden Seiten unter den Teilnehmern verschiedenste Erwartungen.

Der geplanten vertraulichen Begegnung schenkten die Abgeordneten angesichts der großen Arbeitsbelastungen zu wenig Aufmerksamkeit, denn die Mitglieder der Delegation wurden am 15. Dezember 1948 in einer für die Presse öffentlichen Sitzung des Hauptausschusses benannt, womit – wie die

Alliierten später erklärten – die gewünschte Vertraulichkeit schon nicht mehr gewährleistet war.

Adenauer besprach seine Vorgehensweise auf dem geplanten Treffen in Frankfurt zuvor nur in Einzelgesprächen mit Mitgliedern von CDU/CSU, SPD und FDP. Damit wich er einer Diskussion im größeren Rahmen gezielt aus, in deren Verlauf seine eigentlichen Absichten, die Militärgouverneure möglichst frühzeitig persönlich in die Grundgesetzarbeit einzubinden, um eine brüske Ablehnung zu verhindern, hätten durchkreuzt werden können.

Auch der Aufforderung der Verbindungsstäbe, zu der bevorstehenden Besprechung schriftlich ausgearbeitete Fragen vorzulegen, kam der Parlamentarische Rat nicht nach. Stattdessen hatte der Ausschuss für das Besatzungsstatut seine Thesen zusammengestellt, die aber eher einem Mindestkatalog an Forderungen von deutscher Seite als einer Grundlage für einen Informationsaustausch mit den Alliierten entsprachen.

Während die Abgeordneten darauf konditioniert worden waren, in Frankfurt von den Alliierten über das Besatzungsstatut informiert zu werden, ließ Adenauer gleichzeitig von seiner Idee, eine Stellungnahme der Militärgouverneure zum bisherigen Grundgesetzentwurf zu erhalten, nicht ab. Nur wenige Tage vor dem Treffen ließ er den bayerischen Ministerpräsidenten Ehard wissen, dass er in der Unterredung mit den Militärgouverneuren die Frage der Gestaltung der Länderkammer zur Sprache bringen werde.

Die Besprechung mit den Generälen am 16. Dezember 1948

An der Besprechung mit dem Militärgouverneuren nahmen Adenauer, Anton Pfeiffer, Robert Lehr (alle drei CDU/CSU), Carlo Schmid, Walter Menzel (beide SPD), Hermann Höpker Aschoff (FDP) und Hans-Christoph Seebohm (DP) teil. KPD und Zentrum waren also nicht vertreten. Auf ausdrücklichen Wunsch der Alliierten waren Berliner Vertreter von der Besprechung ausgeschlossen. Die Sowjets wollte man nicht unnötig provozieren.

General Kœnig war im Dezember Vorsitzender der drei westlichen Alliierten in der Trizone. Er eröffnete die Sitzung mit dem Hinweis, die Anregung zu diesem Treffen stamme aus Kreisen des Parlamentarischen Rates. Da die Militärgouverneure nicht in der Lage seien, ohne eine gewisse Vorbereitung die Fragen der Parlamentarier zu beantworten, schlug Kœnig vor, dass die Delegation bis zum Abend des nächsten Tages in Frankfurt bleiben sollte. Dahinter verbarg sich auch deutliche Kritik: Adenauer hatte anders als abgesprochen vorab keine Fragen des Parlamentarischen Rates zum Besatzungsstatut übermittelt.

Danach führte Adenauer aus, entgegen seiner bisherigen Annahme habe sich die Arbeit des Parlamentarischen Rates länger als erwartet hingezogen. Er rechne aber mit einem Abschluss der Arbeiten im Januar 1949. Doch seien die Bereiche kulturelle Fragen, Länderkammer und Finanzverwaltung offen geblieben. Einerseits erwarte man nun eine »Klarstellung« über die Aussagen des Memorandums vom 22. November 1948 sowie andererseits zum Grundgesetzentwurf des Hauptausschusses bezüglich der offenen Fragen.

Als sich Kœnig daraufhin nochmals nach präzisen Fragen zum Besatzungsstatut erkundigte, wich Adenauer aus und bemerkte, dass man das Besatzungsstatut ja nicht kenne und genaue Unterlagen erbitte. Danach wurde für den darauffolgenden Tag die nächste Besprechung vereinbart.

Die Alliierten als Schiedsrichter zwischen CDU/CSU und SPD?

Trotz ihrer verhältnismäßig kurzen Dauer von einer halben Stunde war die Sitzung vom 16. Dezember 1948 überraschenderweise von herzlicher Höflichkeit erfüllt. Unstimmigkeiten gab es aber unmittelbar vor der Sitzung zwischen den deutschen Delegationsmitgliedern in der Frage, ob die Alliierten die Deutschen eingeladen beziehungsweise einbestellt hätten oder Adenauer um das Gespräch gebeten hätte. Diese Unterscheidung war für die politischen Gegner Adenauers entscheidend. In leicht gereizter Stimmung fanden die Gespräche der deutschen Delegation ihre Fortsetzung im Anschluss an die Sitzung mit den Generälen.

SPD und FDP beklagten, dass Adenauer, statt sich mit gezielten Fragen nach dem zukünftigen Besatzungsstatut zu erkundigen, von sich aus Fragen an die Alliierten gestellt hätte, allerdings nicht zum Besatzungsstatut. Vielmehr habe Adenauer die Militärgouverneure von sich aus um eine »authentische« Interpretation des Memorandums vom 22. November 1948 gebeten und die Militärgouverneure zu »Schiedsrichtern« zwischen SPD und FDP auf der einen Seite sowie CDU/CSU auf der anderen Seite bestellt. Diese Argumentation drängte sich aus Sicht der SPD auf, war doch hinlänglich bekannt, dass die Ansichten der Militärgouverneure denen der CDU/CSU-Fraktion weitgehend entsprachen.

Vermutlich wurde von der SPD aus der ursprünglich als »vertraulich« eingestuften Sitzung mit den Alliierten an die Presse weitergegeben, Adenauer habe die Alliierten um Auskünfte zu den Bereichen Länderkammer, Finanzhoheit und Ratifizierung gebeten. Schmid, Menzel und Höpker Aschoff hatten ihre Vorwürfe noch am Morgen des 17. Dezember 1948 in einer kurzerhand in Frankfurt am Main einberufenen Ältestenratssitzung Adenauer auch persönlich vorgetragen. Spätestens jetzt hätte allen Delegationsmitgliedern der Frankfurter Besprechung klar werden können, dass dieses erste Treffen des Parlamentarischen Rates mit den drei alliierten Generälen einfach schlecht vorbereitet war. Adenauer hatte zuvor nur in Einzelgesprächen die Meinung verschiedener Abgeordneter eingeholt und umgekehrt mitgeteilt, was er in Frankfurt zu besprechen gedachte. Jetzt war offensichtlich geworden, dass er sich vor der Begegnung einem Gremium des Parlamentarischen Rates nicht stellen wollte. Das hätte ihn allzu schnell festgelegt, während er, abhängig von der aktuellen Situation und Atmosphäre, freie Hand wünschte, was er wie vortragen würde.

Nachdem die Kritik an Adenauer an die Presse durchgestochen worden war, schlug Höpker Aschoff vor, eine Erklärung an die Generäle vorzubereiten. Darin sollte Adenauer dementieren, dass er die Alliierten zu einer Entscheidung in den strittigen Fragen gebeten hätte. Diese Erklärung ließ Adenauer unmittelbar vor dem erneuten Zusammentreffen mit den Militärgouverneuren am 17. Dezember 1948 General Kœnig schriftlich zukommen, um den Eindruck einer Überrumpelung zu vermeiden, die nur neue Missverständnisse und unüberlegte Reaktionen hätte hervorrufen können.

Die Besprechung mit den Generälen am 17. Dezember 1948

Auf Drängen von SPD und FDP stellte Adenauer gleich zu Beginn der Besprechung mit den Militärgouverneuren am 17. Dezember 1948 klar, dass er in der Sitzung am Tag zuvor weder eine Entscheidung von den Militärgouverneuren erbeten habe noch diese die Absicht hätten erkennen lassen, eine Entscheidung fällen zu wollen. Adenauer führte aus, dass unter keinen Umständen der Eindruck entstehen solle, der Parlamentarische Rat wolle auf seine gesetzgebende Autonomie verzichten. Auch habe er nicht die Absicht gehabt, die Militärgouverneure vor Abschluss der Beratungen in eine Rolle zu drängen, die weder deren Intentionen noch der Auffassung des Parlamentarischen Rates über den Rahmen seines Auftrages entspreche.

Doch wies Adenauer darauf hin, dass es immerhin mehrere Stellen in dem Memorandum vom 22. November 1948 gebe, die verschieden ausgelegt werden könnten. Er habe lediglich um eine genauere Darlegung niedergelegter Ansichten gebeten.

Ohne dass Adenauer nun diese Punkte näher erläuterte, konnten in der Tat die allgemein formulierten Äußerungen, wie zum Beispiel die zum entpolitisierten Beamten, ganz unterschiedlich Eingang in das Grundgesetz finden.

Danach sprach für die SPD-Fraktion Carlo Schmid, der sich von dem durch die Äußerungen Adenauers vom Vortag entstandenen Eindruck deutlich distanzierte.

Daraufhin verlas General Kœnig vier vorbereitete Kommuniqués, die das Ergebnis der Beratungen der drei Militärgouverneure am 16./17. Dezember 1948 enthielten:

1. In dem ersten Kommuniqué stellten die Alliierten fest, dass sie an der Ratifizierung des Grundgesetzes durch Plebiszit festhalten würden, aber bereit seien, ihre Haltung noch einmal zu »prüfen«.
2. Weiterhin empfahlen die Militärgouverneure eine weitgehende Finanzgewalt der Länder und kritisierten das ausschließliche Recht des Bundes in der Gesetzgebung über Zölle, Staatsmonopole sowie die Vorranggesetzgebung über fast alle wichtigen Steuern.
3. Hinsichtlich der Länderkammer befürworteten die Militärgouverneure eine starke Kammer, welche die zum Schutz der Länderinteressen erforderlichen Befugnisse haben sollte. Ein Kommuniqué über das künftige Besatzungsstatut wurde nicht vorgelesen, da die Alliierten ihre Beratungen darüber nach wie vor noch nicht abgeschlossen hatten.
4. Die deutsche Delegation wurde deswegen darauf vertröstet, dass die Alliierten noch vor Abschluss der Arbeit am Grundgesetz Fragen zum Besatzungsstatut beantworten würden.

Ungleiche Partner

Aus deutscher Sicht waren die mit vielen Hoffnungen verbundenen Verhandlungen mit den Militärgouverneuren krachend gescheitert.

Dabei hatten sich die Generäle in ihrer Rolle als Besatzungsmächte stark zurückgenommen. Sie zeigten sich gesprächsbereit. Sogar in der Frage der Ratifizierung des Grundgesetzes durch ein Referendum hatten sie eingelenkt und eine Prüfung versprochen.

Adenauer betonte später in der Hauptausschusssitzung am 18. Dezember 1948, dass die deutsche Delegation zum ersten Mal als »Partner« anerkannt worden sei, der seine Wünsche äußern konnte. Und nicht nur das: Es sei sogar vereinbart worden, die Ergebnisse der Frankfurter Beratungen in einem gemeinsamen Kommuniqué zu veröffentlichen. Das hätte eine starke Symbolkraft haben können, war aber aufgrund der parteipolitisch motivierten Streitigkeiten völlig untergegangen.

Selbstverständlich handelte es sich um eine höchst ungleiche Partnerschaft, und das in einem sehr frühen Stadium. Der für eine Partnerschaft nötige Grundkonsens bestand auch im Dezember 1948 lediglich darin, eine westdeutsche Nachkriegsordnung zu schaffen. Das war noch viel zu wenig. Wenn Adenauer schon im Dezember 1948 das Verhältnis zu den bisherigen Siegenmächten als Partnerschaft bezeichnete, dann war es eine Zielvorgabe, eine solche ungleiche, aber dennoch lebensfähige Partnerschaft anzustreben.

Gescheitert waren die Frankfurter Besprechungen auch, weil die zuvor geschürte Hoffnung, endlich Näheres über das Besatzungsstatut zu erfahren, jäh enttäuscht worden war. Bekanntmachungen über konkrete Inhalte des Besatzungsstatuts hätten die Arbeit im Parlamentarischen Rat beflügeln – oder aber auch ausbremsen – können. So aber war den von Frankfurt nach Bonn zurückkehrenden Abgeordneten nur die Unzulänglichkeit der eigenen Arbeit vor Augen geführt worden.

Das Gespräch mit den Generälen, das Adenauer auf Anregung von Robertson angestrebt hatte, war gescheitert. Das Scheitern lenkte von der Bonner Grundgesetzarbeit ab, und ein schwelender parteipolitischer Streit eskalierte.

Nachbereitung der »Frankfurter Affäre«

Einen Tag nach der Rückkehr aus Frankfurt, am 18. Dezember 1948, sprach die SPD Konrad Adenauer ihr Misstrauen aus. Doch wollte man ihn ausdrücklich nicht als Präsidenten, sondern lediglich als Delegationsführer das Misstrauen aussprechen, wie Walter Menzel – vermutlich um die aufgeheizte Situation dann doch etwas zu entschärfen – später vorgab.

In der kurzfristig vor der Weihnachtspause einberufenen nichtöffentlichen Hauptausschusssitzung am 18. Dezember 1948 wurden die Besprechungen mit den Alliierten über zwei Stunden lang diskutiert. Da der KPD-Abgeordnete Max Reimann auf die Vertraulichkeit der Frankfurter Besprechung keine Rücksicht nehmen wollte, sah Adenauer sich gezwungen, seinen Bericht sehr allgemein zu halten. Mit den Militärgouverneuren hatte Adenauer vereinbart, der Öffentlichkeit außer dem Kommuniqué keine Einzelheiten mitzuteilen. Konsequenterweise wurde auch die Forderung von Reimann abgelehnt, das Misstrauensvotum der Kommunisten gegen Adenauer in einer öffentlichen Plenarversammlung zu diskutieren. Die Hauptausschusssitzungen waren nämlich grundsätzlich nur für die Presse öffentlich, und die alliierten Verbindungsbüros schickten ihre Vertreter.

In der Hauptausschusssitzung, deren stenografisches Protokoll 1950 vollständig veröffentlicht wurde, rekonstruierte Adenauer schließlich unter Mithilfe von Schmid und auch Menzel (SPD) den Verlauf der Sitzungen vom 16. und 17. Dezember. Danach drückte Reimann seine Verwunderung darüber aus, dass seitens der SPD vergessen worden war, dass doch Adenauer das Gespräch mit den Alliierten gewünscht hatte. Reimann war es auch, der verwundert feststellte, dass eine Delegation zu den Militärgouverneuren gegangen sei, ohne vorher einen gemeinsamen eigenen Standpunkt herausgearbeitet zu haben. So sei die Aussprache wie das Hornberger Schießen ausgegangen. Menzel bekräftigte, dass seine Partei von Anfang an Wert darauf gelegt habe, das Grundgesetz als

Gesamtcorpus den Alliierten zur Genehmigung vorzulegen, und nicht bereit sei, schon vorab Einzelfragen mit den Alliierten zu diskutieren.

Auch die Zentrumsabgeordnete Helene Wessel gab zu bedenken, dass man sich vorher hätte vergewissern müssen, ob wirklich das Besatzungsstatut behandelt werden sollte, wenn nicht, hätte man gar nicht nach Frankfurt fahren dürfen.

Robert Lehr (CDU) sah in den Besprechungen immerhin den »Erfolg«, dass sich die Verhandlungen »in ein intimeres, ich möchte beinahe sagen in ein verständnisvolleres gegenseitiges Miteinander ins Benehmensetzen gesteigert« hätten.

In einer anschließenden Pressekonferenz – das Kommuniqué der Zusammenkunft mit den Militärgouverneuren war wenige Stunden zuvor veröffentlicht und im Hauptausschuss am 18. Dezember 1948 auch verlesen worden – schilderte Adenauer seine Sicht der Frankfurter Vorgänge. Gegenüber den Militärgouverneuren hatte er über die bestehenden Differenzen im Parlamentarischen Rat nichts mitgeteilt. Er zeigte sich vielmehr verwundert, dass das Misstrauensvotum der SPD im Hauptausschuss eingereicht worden sei, nachdem das Schreiben im Parlamentarischen Rat verteilt und auch der Presse übermittelt worden sei. Mit Entschiedenheit bezeichnete er die von Carlo Schmid im Namen der SPD vertretene Vorgehensweise, die Militärgouverneure mit einem fertigen Grundgesetz zu überraschen und erst dann ihre Zustimmung einzuholen, als verantwortungslos und als die »Politik eines Hasardeurs«.

Mit Hinweis auf die politische Lage in Europa wandte sich Adenauer gegen den an ihn gerichteten Vorwurf des »nationalen Verrats«. Er machte sich dafür stark, dass eine Delegation des Parlamentarischen Rates viel häufiger mit den Generälen persönlich ins Gespräch kommen sollte. Das sei besser, als wenn einzelne Abgeordnete mit den Verbindungsstäben unter Alkoholeinfluss Interna der Grundgesetzarbeit ausplauderten. Erwartungsgemäß sorgte Adenauer mit dem letzten Hinweis für große Aufregung unter den Abgeordneten.

Zum Jahreswechsel 1948/49 zeigten sich die Mitglieder des Parlamentarischen Rates in einem niedergeschlagenen Zustand. Der mangelnde Entscheidungswille bei den kulturellen und sozialen Grundrechten hinderte den Hauptausschuss daran, vor Weihnachten die zweite Lesung des Grundgesetzentwurfes abzuschließen, und die Krise wegen der »Frankfurter Affäre« führte dazu, dass der Parlamentarische Rat erst am 4. Januar 1949 in einer fieberhaften Atmosphäre wieder zusammentrat.

Das unverändert bestehende tiefe Misstrauen von SPD und KPD gegen Adenauer schien auch an seinem 73. Geburtstag am 5. Januar 1949 nur eine willkommene Gelegenheit, von den mangelhaften Ergebnissen des Parlamentarischen Rates abzulenken. Führende Mitglieder der SPD hatten sich schon am 17. Dezember 1948 zum Ziel gesetzt, Adenauer zu desavouieren. Sie wollten ihn dauerhaft als »national unzuverlässig« dastehen lassen, um ihn für jedes weitere Amt im neuen westdeutschen Staat zu verhindern. Deswegen fand das politische Treiben gegen Adenauer in Form von Veröffentlichungen in den Pressediensten und amtlichen Publikationsorganen der SPD auch über die Weihnachtstage 1948 kein Ende.

Am 4. Januar 1949 kam eigens der stellvertretende SPD-Vorsitzende Erich Ollenhauer aus Hannover angereist, der zu diesem Zeitpunkt noch nicht Mitglied des Parlamentarischen Rates war. Er sollte im Auftrag von Kurt Schumacher in der SPD-Fraktion einen förmlichen Misstrauensantrag gegen Adenauer durchsetzen. Doch scheiterte der Antrag mit 16:3 Stimmen. Damit traten erstmals auch die Differenzen zwischen der Bonner SPD und ihrem Parteivorstand in Hannover deutlich vor Augen. Wie Carlo Schmid abgestimmt hatte, wissen wir nicht. Aber Adenauer blieb Präsident des Parlamentarischen Rates.

Das Abstimmungsergebnis in der SPD-Fraktion weckte auch Hoffnungen auf eine Beilegung der Konflikte im Parlamentarischen Rat. Bereits die Ältestenratssitzungen am 4./5. Januar 1949 sollten den gegenseitig in scharfen und verletzenden Worten erhobenen Vorwürfen zwischen SPD und CDU ein

Ende bereiten sowie den Misstrauensantrag der KPD aus der Welt schaffen. Eine fruchtbare Zusammenarbeit am Grundgesetz war seit dem 18. Dezember 1948 unmöglich. In besonderer Verantwortung sahen die Vertreter der beiden kleinen Parteien FDP und DP ihre Chance zu einer Vermittlerrolle, zumal Höpker Aschoff (FDP) schon am 22. Dezember 1948 erklärte, dass seine Partei den Fall parteipolitisch nicht ausnutzen wolle. Erklärtermaßen wollte die FDP die Arbeit des Parlamentarischen Rates nicht unnötig erschweren.

Schließlich bekräftigten die Vertreter der großen Parteien auf der Ältestenratssitzung am 5. Januar 1949, an Adenauers 73. Geburtstag, dass man sich zukünftig keine unlauteren Motive unterstellen und sich nun der gemeinsamen Arbeit am Grundgesetz widmen wolle. Adenauer demonstrierte nach außen hin seine Zuversicht, die Arbeit am Grundgesetz unbeschadet fortzusetzen. Die Teilnehmer der Arbeitstagung der CDU/CSU in Königswinter, darunter alle CDU/CSU-Ministerpräsidenten, dankten Adenauer am 8./9. Januar 1949 für das bisher Geleistete und sprachen ihm ihr volles Vertrauen aus.

Schon im März 1949 gestand Vizepräsident Schönfelder gegenüber Adenauer in einem vertraulichen Gespräch, dass die SPD ihn in der Frankfurter Angelegenheit zu Unrecht so scharf angegriffen habe. Doch konnte die SPD erreichen, dass weitere Initiativen zu Gesprächen mit Alliierten in der nächsten Zeit unterbunden wurden. Den Adenauer entgegengebrachten Vorwurf der versuchten Kollaboration mit den Alliierten mussten sich nach dem Treffen in Frankfurt auch andere Abgeordnete des Parlamentarischen Rates gefallen lassen, die in anonymen Schreiben und Telefonaten als »Knechte der Alliierten« bezeichnet wurden und Morddrohungen erhielten.

In der CDU/CSU-Fraktion hatte die »Frankfurter Affäre« – die von politischen Gegnern auch gerne als »Fall Adenauer« bezeichnet wurde – zur Folge, dass sie zukünftig eher abwartend auf Gesprächsangebote alliierter Verbindungsoffiziere vom 21. Januar 1949 reagierte.

8. Der Fünferausschuss und die erste Prüfung des Grundgesetzentwurfes

Der Fünferausschuss

Der Parlamentarische Rat setzte also nach den Verhandlungen im Ältestenrat am 4./5. Januar 1949 die zweite Lesung des Grundgesetzentwurfes im Hauptausschuss fort. Bis zum 20. Januar 1949 war diese abgeschlossen. Weiterhin gab es keine Annäherung der beiden großen Parteien zu den bisher offenen Themen:

1. Kompetenzen des Bundesrates,
2. Zuständigkeiten zwischen Bund und Ländern,
3. Finanzfragen,
4. kulturelle (und kirchliche) Fragen und
5. Ratifizierung des Grundgesetzes durch Plebiszit oder durch die Landtage.

Auch die interfraktionellen Sitzungen am 25./26. Januar 1949 brachten nicht das erwünschte Ergebnis.

Deswegen schlug Adenauer vor, einen aus fünf Personen bestehenden interfraktionellen Fünferausschuss – auch »politischer« Fünferausschuss genannt – zu bilden. Ihm gehörten von der CDU Heinrich von Brentano und Theophil Kaufmann an, von der SPD Walter Menzel und Carlo Schmid und von der FDP Hermann Schäfer, der je nach Inhalten von Thomas Dehler, Theodor Heuss oder Hermann Höpker Aschoff vertreten wurde. Adenauer selbst leitete die Verhandlungen, ohne sich inhaltlich zu beteiligen

Damit war außer den kleinen Parteien DP, KPD und Zentrum auch die CSU, die Schwesterpartei der CDU, von diesen Verhandlungen ausgeschlossen. Es verbreitete sich sogar das Gerücht, Adenauer habe absichtlich die CSU ausschalten wollen, da innerfraktioneller Widerstand gegen eine Einigung mit der SPD immer von ihr gekommen war.

Noch am gleichen Tag begann der Fünferausschuss unter dem Vorsitz Adenauers hinter verschlossenen Türen seine Beratungen. Zwei Tage später, am 28. Januar 1949, unterbreitete der Ausschuss in einer interfraktionellen Besprechung seine Verhandlungsergebnisse einem Kreis von 15 Abgeordneten, machte aber die schriftlich niedergelegten Zwischenergebnisse noch nicht den übrigen Abgeordneten zugänglich. Die offenen Fragen wurden nach weiteren Klausursitzungen unter Einbeziehung von Vertretern der bayerischen, von der CSU dominierten Landesregierung vom 31. Januar bis zum 5. Februar 1949 erörtert. Zwischen dem 1. und 5. Februar 1949 erhielten alle Abgeordneten des Parlamentarischen Rates den Entwurf als Parlamentsdrucksache. Sie war die Grundlage für die dritte Lesung im Hauptausschuss.

In den Verhandlungen des Fünferausschusses zeigte sich, dass SPD und FDP zumeist einhelliger Meinung waren und sich im Entwurf des Fünferausschusses auch manches Mal durchsetzen konnten. Die Arbeit des Fünferausschusses war weitestgehend – ausgenommen von der KPD – von allen Parteien akzeptiert worden. Damit war die Voraussetzung für eine Verabschiedung des Grundgesetzentwurfes mit breiter Mehrheit gesichert.

Einbindung der Ministerpräsidenten

Da außer dem bayerischen Ministerpräsidenten Ehard kein weiterer Ministerpräsident Stellung zur Arbeit des Parlamentarischen Rates bezogen und sich auch die Ministerpräsidentenkonferenz seit ihrer Konstituierung kaum zur Arbeit des Parlamentarischen Rates geäußert hatte, lud nun Präsident Adenauer die Ministerpräsidenten ein. Um nicht alle Ministerpräsidenten gleichzeitig nach Bonn zu bitten, wurden zu einem ersten Treffen am 4. Februar 1949 die Ministerpräsidenten Peter Altmeier (CDU, Rheinland-Pfalz), Karl Arnold (CDU, Nordrhein-Westfalen), Hinrich Wilhelm Kopf (SPD, Niedersachsen) und Christian Stock (SPD, Hessen) nach Bonn geladen.

Der Kompromiss des Fünferausschusses vom 10. Februar 1949

Damit die Arbeit des Fünferausschusses auch bei den Alliierten Akzeptanz finden konnte, ließ Adenauer beim britischen Verbindungsoffizier Chaput de Saintonge durch seinen persönlichen Referenten Blankenhorn am 7. Februar 1948 den Vorschlag unterbreiten, eigens eine Denkschrift über den föderativen Charakter des Grundgesetzentwurfes vorlegen zu lassen.

Die Denkschrift wurde am 10. Februar 1949 vom Fünferausschuss erstellt und am nächsten Tag den alliierten Verbindungsbüros übermittelt. Darin ging der Fünferausschuss auf die von den Alliierten bisher monierten Themen der Vorranggesetzgebung und der Gesetzgebung insbesondere im Bereich der Finanzgesetzgebung ein. Parallel zu diesem Dokument wurde zwischen dem 8. und 10. Februar 1949 im Hauptausschuss der Grundgesetzentwurf in dritter Lesung verabschiedet. Auch das Ergebnis wurde den Alliierten übermittelt.

Schon am 11. Februar 1949 äußerte Edward H. Litchfield, der Berater des amerikanischen Militärgouverneurs Lucius D. Clay, gegenüber Präsident Adenauer erste Bedenken der Alliierten gegen den neuen Entwurf. Ungeachtet dieses Sachverhalts, der sich sicherlich schnell herumgesprochen haben wird, arbeitete Anton Pfeiffer für die vermeintlich bevorstehende Schlussphase der Arbeit des Parlamentarischen Rates noch am 14. Februar 1949 einen detaillierten Terminplan aus, demzufolge er nun mit der Aufnahme der Verhandlungen zur zweiten Lesung des Grundgesetzentwurfes im Plenum am 25. Februar

1949 rechnete. Glaubte Pfeiffer tatsächlich, die Alliierten würden dem Kompromiss des Fünferausschusses zustimmen?

Eine bayerische Initiative

In dieser Phase, in der die Westalliierten den Entwurf prüften und der Parlamentarische Rat sich mit dem Wahlgesetz, der Flaggenfrage und dem zukünftigen Sitz des Bundes befasste – Fragen, für die die Alliierten naturgemäß geringeres Interesse zeigten –, suchte nun das bayerische Landeskabinett Einfluss auf die Alliierten zu nehmen.

Ministerpräsident Hans Ehard (CSU) stellte fest, dass im Parlamentarischen Rat die Dinge »selbstständiger« – also ohne die Alliierten – hätten vorwärtsgetrieben werden müssen. Er kritisierte auch seinen eigenen Parteifreund und ersten Mann in Bonn, Anton Pfeiffer, der als Vorsitzender der CDU/CSU-Fraktion im Parlamentarischen Rat nach seinem Dafürhalten die bayerischen Interessen vernachlässigt hatte und nicht in den Fünferausschuss berufen worden war.

Am 10. Februar 1949 traf Anton Pfeiffer mit dem ehemaligen Leiter der französischen Delegation in Bonn, Laloy, zusammen, der inzwischen zum französischen Verbindungsstab nach Frankfurt versetzt worden war. Laloy interessierte sich für die Haltung Bayerns, insbesondere zur zukünftigen Finanzverwaltung.

Pfeiffer erläuterte die wichtigsten Beanstandungen der CSU am bestehenden Grundgesetzentwurf und überließ Laloy eine Übersicht über die Punkte, die nach den Vorstellungen der CSU im Grundgesetz enthalten sein sollten.

Laloy wünschte, dass die Länder die Bundesfinanzverwaltung nicht nur als Auftragsverwaltung übernähmen, sondern auch ein scharfes Kontrollrecht haben müssten. Ausdrücklich wies Pfeiffer darauf hin, dass die CSU-Abgeordneten sowie der CDU-Abgeordnete Hermann Fecht aus Baden die Bundesfinanzverwaltung ablehnen würden, auch in der Fassung des vorliegenden Kompromisses. Daraufhin bemerkte Laloy, dass die Bundesfinanzverfassung, wie sie der Fünferausschuss nun vorsah, von den Franzosen wohl akzeptiert werden würde.

Amerikanische Presseverlautbarung (13. Februar 1949)

Doch schon am Sonntag, den 13. Februar 1949 wendete sich das Blatt. In einem Rundfunkinterview kritisierte ein Sprecher der amerikanischen Militärregierung (OMGUS) den Entwurf des Grundgesetzes. Dieses Interview wurde tags drauf in einer Meldung der Deutschen Nachrichtenagentur (DENA), einer Agentur der amerikanischen Militärbehörde, wohl am präzisesten wiedergegeben.

Der DENA-Meldung zufolge stünden mehrere Entscheidungen des Parlamentarischen Rates in krassem Widerspruch zu den alliierten Empfehlungen. Seit Wochen und Monaten, so versicherte der Sprecher, habe die US-Militärregierung die Arbeiten am Grundgesetz mit größter Aufmerksamkeit verfolgt. Sie bedauere nun aufs Äußerste, dass die Ansichten der überwiegenden Mehrheit des Parlamentarischen Rates in vielen Fällen nicht mit den alliierten Empfehlungen übereinstimmten. Fast alle für Verfassungsfragen zuständigen OMGUS-Beamten seien außerordentlich enttäuscht, »dass die Deutschen die Erfahrungen der älteren westlichen Demokratien von der Hand weisen« würden. Nach Ansicht des OMGUS-Sprechers sei der Parlamentarische Rat zum Teil aus parteipolitischen Erwägungen, zum Teil aus nationaler Zweckmäßigkeit, teils aber auch absichtlich von den alliierten Empfehlungen abgewichen.

Dem Sprecher zufolge waren die Abgeordneten eingehend über die alliierten Forderungen bezüglich Dezentralisierung und Föderalismus als Grundlage des westdeutschen Staates informiert. Die entsprechenden Punkte seien sowohl den Ministerpräsidenten als auch dem Parlamentarischen Rat vorgelegt worden. Danach würden die Militärgouverneure über das Grundgesetz entscheiden.

Es ging – so der Sprecher der Militärverwaltung – vor allem um die folgenden vier offenen Punkte:

1. Die Bundesregierung solle nur so viele Einnahmen aus Steuern erheben und verwalten, wie sie unmittelbar für ihre Zwecke benötige. Dem widersprach, dass der Bund die ausschließliche Gesetzgebung über Zölle und Finanzmonopole bekäme. Außerdem könnten die Länder die Verwaltung ihrer Landessteuer den Bundesfinanzbehörden übertragen. Auch das könne nur zu einer weiteren Zentralisierung von Machtbefugnissen beim Bund führen.
2. Die Länder sollten die Vorranggesetzgebung bei der öffentlichen Fürsorge, über das Recht der Wirtschaft und über den Schutz des deutschen Kulturgutes gegen Abwanderung ins Ausland erhalten.
3. Artikel 27 (in der Schlussfassung Artikel 28) des Grundgesetzentwurfs über das Berufsbeamtentum ermögliche es, dass »den hergebrachten Grundsätzen über die Rechtsstellung der Berufsbeamten Rechnung getragen« werde. Gerade diese »hergebrachten Grundsätze« bedürften nach Auffassung der Alliierten einer dringenden Reform.
4. Der Entwurf sah vor: Der Bund regelt nur, »was einheitlich geregelt werden muss«. Nach alliierter Ansicht bedürfe dieser Punkt unbedingt einer klareren Formulierung. Es könnte sich die Möglichkeit ergeben, dass der Bund die Mehrzahl aller Angelegenheiten so interpretieren könnte.

Zum Abschluss drückte der amerikanische Sprecher die Hoffnung aus, dass der Parlamentarische Rat eine Aussprache mit den Militärregierungen noch vor Abschluss seiner Beratungen anstreben würde. Doch das, so der Sprecher ausdrücklich, sei »nur seine persönliche Meinung«.

Die Hoffnungen auf einen baldigen Abschluss der Grundgesetzarbeit schienen erneut enttäuscht worden zu sein.

Den verheerenden Rundfunkbeitrag des amerikanischen Sprechers nahm Adenauer zum Anlass, General Robertson am 16. Februar 1949 in Frankfurt aufzusuchen. Auch wenn die Militärgouverneure keine Ratschläge erteilen wollten, schlug Robertson in dem Gespräch vor, mit der zweiten Lesung im Plenum zu warten, bis die Prüfung des Entwurfs durch die Gouverneure abgeschlossen sei. Auch hielten die Gouverneure es für wünschenswert, zu einer Verständigung zu kommen. Das hieß: Es sollten erneut Konsultationen zwischen den Alliierten und den Deutschen stattfinden.

Das Aide-Mémoire vom 17. Februar 1949

Schon am 18. Februar 1949 wurde Adenauer durch den Leiter des englischen Verbindungsstabes ein kurzes Dokument mündlich vorgetragen, das auf den 17. Februar datiert war. Darin teilten die Militärgouverneure ihre Absicht mit, den Grundgesetzentwurf in der Fassung der dritten Lesung des Hauptausschusses prüfen zu wollen. Über Abweichungen von bisherigen alliierten Forderungen würden sie gegebenenfalls ihre Regierungen informieren. Bei seiner weiteren Terminplanung sollte der Parlamentarische Rat mit weiteren Verzögerungen rechnen.

Erst am 28. Februar 1949 stellte der Fünferausschuss sein Ergebnis vom 10. Februar auch den Abgeordneten als Parlamentsdrucksache zur Verfügung.

Das Memorandum vom 2. März 1949

Mit der Vorlage des Grundgesetzentwurfs in der Fassung der dritten Lesung des Hauptausschusses war eine neue Verhandlungsphase zwischen den Deutschen und den Alliierten eingeleitet worden. Adenauer beabsichtigte schon seit einigen Tagen, mit den Alliierten in offizielle Gespräche einzutreten, als ihn am Abend des 1. März 1949 ein Beamter der amerikanischen Militärverwaltung in Frankfurt anrief. Schon am nächsten Tag, den 2. März, um 14 Uhr sollte eine Delegation des Parlamentarischen Rates zur Entgegennahme einer neuen alliierten Stellungnahme nach Frankfurt kommen.

Adenauers Ansinnen, ein Treffen des Fünferausschusses mit den Generälen zu ermöglichen, schien sich zu realisieren.

Die Besprechung fand wieder im großen Konferenzraum des Bipartite Coordinating Office des IG-Farben-Hochhauses statt.

Alle drei Generäle waren anwesend. Großbritannien hatte in diesem Monat den Vorsitz. Zur Delegation des Parlamentarischen Rates gehörten Adenauer als Präsident, Heinrich von Brentano, Theophil Kaufmann von der CDU/CSU sowie Walter Menzel und Carlo Schmid von der SPD. Die FDP-Abgeordneten Theodor Heuss und Hermann Höpker Aschoff fehlten, weil sie nicht mehr rechtzeitig erreicht werden konnten.

General Robertson begrüßte die Teilnehmer und entschuldigte sich für die so kurzfristig erfolgte Einladung. Doch hielt er diese für richtig, weil den Generälen bekannt sei, wie viel den Mitgliedern des Parlamentarischen Rates an der Grundgesetzarbeit liege. Die Generäle spürten die großen Bemühungen des Parlamentarischen Rates, »seine Arbeit schnell und gut zu machen«. Danach las er ein Dokument vor, das er anschließend in Abschrift überreichte.

Einleitend wurde in dem Memorandum erwähnt, dass die Generäle die Abgeordneten einbestellt hatten, um ihre Anmerkungen zum Grundgesetz in der Fassung des Hauptausschusses vorzutragen. Sie hatten diese Fassung mit dem Aide-Mémoire vom 22. November 1948 verglichen und stellten nun fest, dass es Abweichungen gab. Allerdings war man seitens der Generäle bereit, statt sich in Details zu verlieren, das Dokument als ein Ganzes zu betrachten. Unbedeutendere Abweichungen habe man außer Acht gelassen, dafür wolle man aber nun auf Bestimmungen hinweisen, die von jenen Grundsätzen erheblich abwichen.

Diese Abweichungen sahen die Generäle besonders deutlich bei der Zuständigkeit der Bundesregierung und der Stellung der Länder. Deswegen legten die Alliierten einen neu formulierten Artikel vor (der spätere Artikel 74), der zwar weitgehend auf dem deutschen Entwurf beruhte, aber ihren Wünschen stärker entgegenkam.

Vorbehalte äußerten die Generäle bei der Regelung der Polizeizuständigkeiten.

Mit »Besorgnis« schauten sie auf die Bestimmungen über die Finanzzuständigkeiten. Die Länder seien ohne ausreichende unabhängige Einnahmequellen. Auch hierzu schlugen die Alliierten Änderungen in den Artikeln 122a, 122b und 123 vor (später die Artikel 106, 107 und 109). Für die Alliierten waren diese Artikel »besonders bedeutsam in einem föderativen System«.

Nach Vorstellung der Alliierten sollte der Bund die ausschließliche Gesetzgebung haben über:

- die Zölle und Finanzmonopole (Bundessteuern),
- die Vorranggesetzgebung über gemeinsame Steuern wie
  - die Verbrauchs- und Verkehrssteuern mit Ausnahme der Ländersteuern mit örtlich bedingtem Wirkungsbereich, insbesondere
  - der Grundgewerbesteuer,
  - Wertzuwachssteuer und
  - Feuerschutzsteuer;
  - die Steuern von Einkommen, Vermögen, von Erbschaften (oder Schenkungen) und
  - die Realsteuern mit Ausnahme der Vertretung der Hebesätze.
- Der Bund sollte die Vorranggesetzgebung über gemeinsame Steuern nur insoweit ausüben, wie er den Gesamtbetrag oder irgendeinen Teilbetrag irgendeiner gemeinsamen

Steuer oder gemeinsamer Steuern brauche, um seine Verpflichtungen zu erfüllen.

- Falls der Bund einen Teil einer gemeinsamen Steuer übernehme, so werde der verbleibende Teil von den Ländern zurückbehalten.

Artikel 123 (später Artikel 109) erhielt von den Alliierten nun folgenden Wortlaut:

»*1. Die Bundessteuern werden durch Bundesfinanzbehörden verwaltet. Der Bund kann, wenn er will, solche Steuern, welche er in ihrer Gesamtheit für autorisierte Bundeszwecke auferlegt, durch Bundesfinanzbehörden verwalten, und die Einkommensteuern nur insoweit, wie sie für Bundeszwecke bestimmt sind. Der Aufbau der Bundesfinanzbehörden und der Finanzgerichte und das von ihnen anzuwendende Verfahren werden durch Bundesgesetz geregelt. Die Leiter der Finanz- und Zollbehörden in den Ländern werden im Einvernehmen mit den Regierungen der beteiligten Länder ernannt.*

2. Die Landessteuern und gemeinsamen Steuern außer den in Artikel 123 (1) erwähnten werden durch Landesfinanzbehörden verwaltet.

3. Die Erhebung der Realsteuern wird durch Landesgesetze geregelt.«

Eine »nachdenkliche Aufmerksamkeit« forderten die Alliierten bei der Frage der Unabhängigkeit der Gerichte. Hier sahen sie Änderungsbedarf bei der Frage der Entlassung der Richter.

Weil erfahrungsgemäß Verwaltungsbehörden ihre eigenen Zuständigkeiten ständig erweitern, wollten die Militärgouverneure eine zu große Zentralisierung von Zuständigkeiten beim Bund von vornherein begrenzen.

In der Frage des öffentlichen Dienstes bestanden die Generäle auf eine Änderung zweier Artikel, der späteren Artikel 33 und 48.

Die Neuumschreibung der Ländergrenzen war bis zum Abschluss eines Friedensvertrags nicht möglich, außer die vier

Siegermächte würden einstimmig beschließen, die Grenzen zu ändern.

Mit Rücksicht auf die gegenwärtige politische Lage sollte der Teil des Artikels 22 (später Artikel 23), soweit er sich auf Berlin bezog, gestrichen werden. Die Generäle hatten aber keine Bedenken, wenn Berliner Vertreter an den Sitzungen des Parlaments ohne Stimmberechtigung teilnähmen.

Schließlich überreichte Robertson noch einen zweiten Text. Er betraf das Wahlrecht.

Demnach sollte das Wahlgesetz kein Bestandteil des Grundgesetzes werden. Dem Parlamentarischen Rat wurde aber zugebilligt, die Anzahl der Abgeordneten aus den einzelnen Ländern festzusetzen. Die Ministerpräsidenten sollten in einem Rahmengesetz (Modellgesetz) die weiteren Details festlegen, gegebenenfalls auch auf der Grundlage des Wahlgesetzentwurfes des Parlamentarischen Rates.

2. März 1949 – ein politischer Aschermittwoch

Ob Adenauer sich das Gespräch so vorgestellt hatte? Die am 2. März 1949 einer Delegation des Parlamentarischen Rates vorgelegte Denkschrift sollte, wie ausdrücklich betont wurde, auf keinen Fall »der Entscheidung der alliierten Regierungen vorgreifen oder diese präjudizieren«, doch sahen sich die Militärgouverneure gezwungen, die bisherigen Arbeitsergebnisse des Parlamentarischen Rates zu kommentieren. War das jetzt eine Drohung oder eine Besänftigung?

Die Militärgouverneure empfanden ihr Memorandum vom 2. März 1949 als ein größtmögliches Zugeständnis an den Parlamentarischen Rat. Dadurch war ein zukünftiger Verhandlungsspielraum sehr begrenzt. Das für die Mitglieder des Parlamentarischen Rates enttäuschende Ergebnis machte den 2. März 1949 zu einem politischen Aschermittwoch.

Das Memorandum hatte bei den Parteien verschiedene Reaktionen hervorgerufen.

Thomas Dehler (FDP) wiederholte in einer Stellungnahme vom 12. März 1949 seine Auffassung vom 4. Dezember 1948, dass der Parlamentarische Rat an keine Weisungen gebunden sei und die Abgeordneten ihrem Gewissen verantwortlich seien. Nur dass er seiner neuen Stellungnahme die scharfen Formulierungen hinzufügte: Wenn die Abgeordneten anders handeln würden, wäre das verachtenswert. Sie würden eine Verfassung schaffen, die den »Todeskeim« in sich trage.

Der Ältestenrat beauftragte am 3. März 1949 den Fünferausschuss, die Anregungen der Gouverneure zu diskutieren, mit den Sachverständigen der Militärregierungen Verbindung aufzunehmen und eine neue Vorlage auszuarbeiten.

Der Vorsitzende der SPD-Fraktion Carlo Schmid zeigte sich im Vergleich zu seinen früheren Äußerungen geradezu moderat. Er konstatierte, der Parlamentarische Rat sei durch die alliierten Einwände vor schwere Entscheidungen gestellt. Die alliierten Darlegungen zur Finanzfrage ließen die große Mühe der Alliierten erkennen, die Voraussetzungen für eine praktische und effektive deutsche Finanzpolitik zu schaffen. Allerdings seien die alliierten Auffassungen über die Vorranggesetzgebung mit dem Standpunkt der großen Mehrheit des Parlamentarischen Rates nicht vereinbar. Die alliierten Vorschläge brächten Deutschland wieder in den Zustand wie vor der Schaffung der Bizone. Praktisch werde den Ländern, nicht aber dem Bund auf wichtigen Gebieten der Vorrang der Gesetzgebung eingeräumt. Völliger Unsinn sei es zu versuchen, mit elf verschiedenen Wahlgesetzen und verschiedenen Wahlmethoden eine gemeinsame Volksvertretung zu schaffen. Wenn ein Land das relative Mehrheitswahlrecht einführe und ein anderes bei dem Verhältniswahlrecht bliebe, dann hätten die Stimmen der Wähler ein sehr verschiedenes Gewicht.

Präsident Adenauer hatte mit Rücksicht auf sein Amt eine Stellungnahme abgelehnt. Dafür aber hatte der stellvertretende

Vorsitzende der CDU/CSU-Fraktion Süsterhenn durchaus eine Verhandlungsbasis erkennen können, abgesehen vom Katalog der Vorranggesetzgebung, der nicht verhandelbar schien. Süsterhenn hielt sogar den Vorschlag, die Länder über das künftige Wahlverfahren entscheiden zu lassen, für durchaus gangbar.

Das Memorandum blieb nicht zuletzt auch aufgrund der schlechten Übersetzung zum Teil unverständlich, weshalb die Alliierten ihre Verbindungsbeamten und Sachverständigen anwiesen, für Nachfragen seitens der Parlamentarier zur Verfügung zu stehen. In den nächsten Tagen kam es vor Aufnahme offizieller Gespräche zu einzelnen Kontakten, darunter auch zwischen dem Leiter des Büros der Ministerpräsidenten Georg Leisewitz und Chaput de Saintonge, in denen der Brite Korrekturen am alliierten Memorandum anbringen musste, um Fehlinterpretationen entgegenzuwirken.

Einen überraschend neuen Ton schlugen die Briten nach dem 2. März an. Ihr Verbindungsoffizier Chaput de Saintonge hatte Ministerpräsident Stock unmissverständlich wissen lassen, dass die Vorschläge der Gouverneure zum Grundgesetz weitestgehend »endgültig und unabänderlich« seien. Chaput de Saintonge zeigte sich in den Fragen der Vorranggesetzgebung und der Finanzen jetzt ebenso unnachgiebig wie bisher nur die Franzosen. Es zeigte sich, dass die Lage für den Parlamentarischen Rat zunehmend ungünstiger wurde, wenn sich nun auch die Briten stur stellten.

9. Die Ablehnung durch die Verbindungsoffiziere am 25. März 1949

Der Siebenerausschuss

Am 3. März 1949 wurde als Reaktion auf das tags zuvor überreichte alliierte Memorandum der Siebenerausschuss geschaffen. Adenauer drängte auf dieses für die Schlussphase des Parlamentarischen Rates so wichtige Gremium. Neben den bisherigen Mitgliedern des Fünferausschusses kamen Johannes Brockmann (Zentrum) und Hans-Christoph Seebohm (DP) hinzu. Trotz der Erweiterung wurde immer noch kein CSU-Abgeordneter in den interfraktionellen Ausschuss berufen, was in der Bayerischen Landtagsfraktion bei einer Plenarsitzung im Bayerischen Landtag am 11. März 1949 mit einem Zwischenruf »Unerhört!« quittiert wurde.

Während die meisten Abgeordneten des Parlamentarischen Rates »nach Hause« geschickt wurden, bereiteten also seit dem 3. März 1949 nur die Mitglieder des interfraktionellen Siebenerausschusses in mehreren Sitzungen intensiv die vorgesehene Aussprache mit den alliierten Fachberatern vor. Die Grundlage der Gespräche war die inzwischen gemeinsam gefasste Überzeugung von Deutschen und Alliierten, dass die Genehmigung durch die Besatzungsmächte nur im Wege eines »Ja« oder »Nein« zum gesamten Inhalt des Grundgesetzes ausgeübt werden könnte. Im Gedankenaustausch sollte festgestellt werden, ob gewisse Bestimmungen des Grundgesetzes von den Besatzungsmächten für unvereinbar mit den Londoner Empfehlungen angesehen würden. Genau das war nun das gemeinsame Anliegen der Alliierten und der Mitglieder des Siebenerausschusses.

Gerade die Berufung der beiden neuen Mitglieder Johannes Brockmann und Hans-Christoph Seebohm machte deutlich, dass der Siebenerausschuss nicht identisch mit dem vorherigen

Fünferausschuss war. Der Fünferausschuss war am Veto der Alliierten gescheitert. Für Brockmann – der schon einmal am 8. Februar 1949 mit dem Fünferausschuss zusammengearbeitet hatte – war mit der ausdrücklichen Distanzierung vom Fünferausschuss die Hoffnung verbunden, dass der Siebenerausschuss nicht die gleichen Fehler wiederholen würde.

Weitere Unterschiede traten zwischen dem Fünfer- und dem Siebenerausschuss hervor. An den Sitzungen nahmen nun Vertreter der bayerischen Landesregierung teil, weil dem Siebenerausschuss immer noch kein Vertreter der CSU angehörte, während dafür aber Zentrum und Deutsche Partei inzwischen vertreten waren. Das ist deswegen auffällig, weil nicht erkennbar ist, dass sich die CSU ernsthaft dafür starkgemacht hätte, einen Vertreter in den Siebenerausschuss zu entsenden. Sollte für die CSU zu diesem Zeitpunkt die Ablehnung des Grundgesetzes durch das Land Bayern etwa schon gewiss gewesen sein, wenn sich der Parlamentarische Rat nicht deutlich zu einem föderalen Bundesstaat durchringen würde? Der bayerische Ministerpräsident Ehard war wenigstens zu diesem Zeitpunkt fest entschlossen, sich weiter in die Bonner Verfassungsarbeit einzubringen.

Im Übrigen waren Stenografen im Siebenerausschuss und fertigten Wortprotokolle von den Sitzungen. Insgesamt schien also die Arbeit des Siebenerausschusses sehr transparent.

Adenauer lehnt die Mitgliedschaft ab

Mit dem neuen Siebenerausschuss hatte Adenauer zunächst die interfraktionellen Gespräche wiederbeleben wollen. Er selbst nahm allerdings an den Sitzungen nicht mehr teil. Der Siebenerausschuss ernannte Kaufmann (CDU) zu seinem Vorsitzenden, über den der bayerische Vertreter in Bonn, Claus Leusser, am 18. März 1949 an Ministerpräsident Ehard schrieb, dieser habe »sich sehr in den Vordergrund gearbeitet«.

Während Kaufmann Anerkennung erhielt, musste sich Adenauer den Vorwurf gefallen lassen, dass er stets abtauche, wenn es brenzlig im Parlamentarischen Rat werde.

Alles deutet darauf hin, dass Adenauer mit dem neuen Grundgesetzentwurf nicht in Verbindung gebracht werden wollte. Wenn auch dieser neue Entwurf abgelehnt werden würde, wäre er als Parlamentspräsident in besonderer Weise gefordert. Dann würde das Grundgesetz zur Chefsache werden und Adenauer würde unbelastet für neue letzte Verhandlungen zur Verfügung stehen können.

Wenn das Adenauers Strategie war, entspräche sie gewissermaßen der Strategie der CSU, deren Mitglieder des Parlamentarischen Rates, anders, als sie offiziell verlauten ließen, offenbar gar nicht an den Verhandlungen des Siebenerausschusses teilnehmen wollten, wobei aber trotzdem Vertreter der bayerischen Landesregierung an den Sitzungen teilnahmen, um bayerische Interessen zu artikulieren.

Übersetzungsfehler

Der Ältestenrat übertrug dem Siebenerausschuss zunächst die Aufgabe, das Memorandum genau zu analysieren und anhand dessen eine neue Vorlage der umstrittenen Artikel in den Grundgesetzentwurf einzuarbeiten. Die Analyse zeigte, dass der Begriff »Vorranggesetzgebung« von den Alliierten offenkundig missverstanden worden war. In Abs. 2 des von den Alliierten neu formulierten Artikels 36 (später Artikel 74) war ausdrücklich festgestellt worden, dass auf den Gebieten der Vorranggesetzgebung die Länder das erste Recht der Gesetzgebung haben sollten, und zwar solange der Bund von seinem Gesetzgebungsrecht keinen Gebrauch machte. Der Bund aber sollte auf diesem Gebiet nur »regelnd« eingreifen, was nach Ansicht des Parlamentarischen Rates einheitlich gehandhabt werden musste.

So ging das Memorandum vom 2. März 1949 davon aus, der Fünferausschuss wolle mit seiner Formulierung notwendigerweise die Zuständigkeit dem Bund überlassen, doch das entsprach gar nicht seiner Intention Aus diesem Grund legte nun der Siebenerausschuss am 9. März 1949 in Anlehnung an den Entwurf des Fünferausschusses einen unmissverständlich formulierten neuen Entwurf zur konkurrierenden Gesetzgebung vor.

Die beiden Beobachter der bayerischen Landesregierung in Bonn, Claus Leusser und Richard Ringelmann, die an den ersten Siebenerausschuss-Sitzungen als Zuhörer teilnahmen, klagten gegenüber Ministerpräsident Ehard am 7. März 1949, dass die CDU ganz im »Schlepptau« der SPD sei. So suchte Ehard am 8. März 1949 das Gespräch mit dem Siebenerausschuss, noch bevor die Besprechungen mit alliierten Vertretern beziehungsweise Finanzexperten aufgenommen wurden. Der Erfolg sprach für sich: In der Sitzung der CDU/CSU-Fraktion am 10. März 1949 berichtete Kaufmann, dass der Siebenerausschuss bei dem Entwurf vom 9. März 1949 für einige Artikel im Wesentlichen bayerische Vorschläge übernommen habe.

François-Poncet in Bonn

Im Vorfeld der ersten gemeinsamen Sitzung von Alliierten und Deutschen kam der französische Botschafter André François-Poncet nach Bonn. Er wies den Leiter des Büros der Ministerpräsidenten, Georg Leisewitz, am 7. März 1949 darauf hin, dass die alliierten Vorschläge zwar in der Terminologie abgeändert werden könnten, nicht aber in ihrem Sinn und Inhalt. Das Memorandum sei »das letzte Wort der Gouverneure zu dem Bonner Verfassungsentwurf«.

François-Poncet hatte bereits kurz nach der Veröffentlichung des Memorandums vom 2. März in einer Rundfunkansprache bedauert, dass die SPD mit ihrer Politik, »die Tür zum

Osten« nicht zuschlagen zu wollen, die westdeutsche Staatsgründung gefährde. Westdeutschland würde dann wieder den alliierten Militärverwaltungen unterstellt werden.

Den Abgeordneten wäre klarzumachen, dass wenigstens in Westdeutschland so rasch wie möglich Rechtsstaatlichkeit und eine föderale Demokratie geschaffen werden müssten. Auch diese mahnenden Worte richteten sich besonders an die SPD, deren Nationalismus einem deutschen Zentralismus Vorschub leiste. Mit großer Hoffnung schaute er auf die Grundgesetzarbeit und erwartete, dass im Gegenzug die CDU der SPD in anderen wichtigen Punkten des Verfassungsentwurfs Zugeständnisse mache.

Bemerkenswert war die Kritik von François-Poncet, dass zu diesem wichtigen Zeitpunkt die Abgeordneten nach Hause geschickt worden seien. Er fühle sich an eine »Oligarchie« erinnert, wenn der Siebenerausschuss verhandle, ohne dass seine Ergebnisse danach in den Fraktionen behandelt würden. Auch äußerte er sich verwundert über die Abwesenheit von Präsident Adenauer.

Verhandlungen mit alliierten Finanzexperten

Die meisten Abgeordneten waren in diesen Tagen nicht in Bonn geblieben, als vom 8. bis 10. März 1949 fünf bis zehn Abgeordnete, die teilweise dem Siebenerausschuss angehörten, zu Verhandlungen mit Finanzexperten der drei Besatzungsmächte zusammentrafen. Von deutscher Seite wollte man diesen »gewisse Gedankengänge unterbreiten«. Man hoffte, die Alliierten würden den Gesamtcorpus des Grundgesetzentwurfes stärker ins Auge nehmen, statt sich an Einzelfragen festzubeißen. Auch wollte man Übersetzungsfehler oder Fehlinterpretationen, wie im Fall der Vorranggesetzgebung, möglichst vermeiden.

Schmid war es dann, der in der Besprechung am 8. März 1949 die Verbindungsoffiziere auf einen Widerspruch zwischen der alliierten Forderung und der bisherigen Praxis der Alliierten hinwies. Die Alliierten hatten seinerzeit die Sozialgesetzgebung von Nordrhein-Westfalen (in der britischen Besatzungszone) und Hessen (in der amerikanischen Besatzungszone) mit der Begründung ausgesetzt, dass solche Gesetze nur für das gesamte Besatzungsgebiet und nicht nur für ein Land gemacht werden könnten. Diesen durchaus sinnvollen Zentralismus würden die Militärgouverneure jetzt aber ablehnen.

In der ersten Besprechung mit den alliierten Finanzexperten am 9. März 1949 konnten noch keinerlei Annäherungen erreicht werden. Deswegen wurde in den folgenden Tagen in Einzelbesprechungen zwischen den alliierten und deutschen Experten beraten.

Den Anfang machten die Franzosen, deren Finanzsachverständiger Paul Leroy-Beaulieu sich noch am 10. März 1949 mit Binder, Höpker Aschoff und Schmid traf; der amerikanische Verbindungsoffizier Antony F. Pabsch traf sich am 15. März 1949 mit Kaufmann, Schmid und Seebohm und am 16. März 1949 mit Pfeiffer. Obwohl die Gespräche für alle Beteiligten unbefriedigend verlaufen waren, kam am Vormittag des 18. März 1949 der Siebenerausschuss kurz zusammen.

Danach übergab er in der Hoffnung, eine Formulierung gefunden zu haben, die von den Besatzungsmächten genehmigt werden könnte, den alliierten Verbindungsstäben in Bonn den Entwurf der im Prinzip schon am 9. März 1949 ausgearbeiteten und danach nur noch leicht modifizierten Fassung der Artikel 95–98, 138–139 und 65 sowie den Entwurf der am 17. März 1949 abgeschlossenen Artikel 120–123. Der Entwurf umfasste die Fragen zur Vorranggesetzgebung und die Regelungen zum Finanzwesen; die von den Alliierten abgelehnte Bundesfinanzverwaltung blieb Bestandteil des Entwurfes.

Noch kurz vor der offiziellen Übergabe des Entwurfes des Siebenerausschusses an die alliierten Verbindungsstäbe verdeutlichte der amerikanische Verbindungsoffizier Simons gegenüber dem Vorsitzenden der CDU/CSU-Fraktion Pfeiffer seine Auffassung dahingehend, dass die alliierten Verbindungsstäbe »auf keinen Fall die Absicht hätten, diesen neuen Vorschlag bis an die Generäle zu bringen. Bei General Clay würde dadurch ein solcher Zorn ausgelöst werden, dass man die Folgen gar nicht absehen könne«.

Simons war davon überzeugt, dass es das Beste sei, wenn die Offiziere die Vorschläge des Siebenerausschusses ohne jede Stellungnahme entgegennähmen, um dann unmittelbar danach lapidar mitzuteilen, dass sie sich nicht in der Lage sähen, diese neuen Entwürfe weiter zu behandeln. Simons sah die Zeit gekommen, dass man mit den Vertretern des Parlamentarischen Rates einmal »ganz deutlich reden« müsse. Ausweislich einer Gesprächsnotiz von Anton Pfeiffer bemerkte Simons sichtlich genervt:

Der Parlamentarische Rat würde *»immer wieder mit den gleichen Vorschlägen und Fragen kommen, und die Unterhändler der Verbindungsstäbe hätten nicht mehr genug Worte und Redensarten zur Verfügung, um immer wieder das Gleiche zu sagen und dabei nicht immer die nämlichen Worte zu wiederholen.«*

Am 18. März wurde dann den alliierten Verbindungsstäben in Bonn von Kaufmann und Höpker Aschoff der vom Siebenerausschuss am 17. März 1949 ausgearbeitete neue Entwurf ohne Aussprache übergeben.

Dem Vorsitzenden des Siebenerausschusses Kaufmann teilte Simons nach der Sitzung am 18. März 1949 mit, dass ihm doch wohl klar sein müsste, dass nun eine Ablehnung durch die Militärgouverneure erfolgen würde.

Die SPD vor der Zerreißprobe?

Zur gleichen Zeit verkündete Schmid vollmundig, der Außenminister Ernest L. Bevin – ein Mitglied der britischen Labour Party, die international mit der deutschen Sozialdemokratie eng kooperierte – werde die »Bundesfinanzverwaltung durchziehen«. Ob Schmid tatsächlich über bessere Informationen verfügte als die Verbindungsoffiziere? Wenigstens wies seine Bemerkung darauf hin, dass im Zweifelsfalle nicht die Militärgouverneure, sondern die Außenminister das Grundgesetz genehmigen würden.

Das Warten auf die mit Spannung erhoffte alliierte Zustimmung zu dem neuen Entwurf wurde durch den stark deprimierten Eindruck Schmids erschwert. Er kommunizierte in diesen Tagen schonungslos, dass er die »ganze Sache« satthabe. Schmid konnte sich in seiner Partei nicht durchsetzen, wie überhaupt erhebliche Spannungen in der SPD zu beobachten waren. Auch wenn ein offener Konflikt noch vermieden werden konnte, stieg der Druck auf die Partei.

Eine alliierte Entscheidung würde die SPD entweder zwingen nachzugeben oder das ganze Verfassungswerk abzulehnen, was Schumacher schon seit Längerem androhte. Beobachter waren sich jedoch darüber auch im Klaren: Die Entscheidung, ob Bundes- oder Landesfinanzverwaltung, reichte kaum aus, deswegen die Verfassungsarbeit gänzlich einzustellen. Das würde auch der SPD-Fraktion erheblichen Imageschaden zufügen.

Anton Pfeiffer vertrat den Standpunkt, die SPD solle nicht weiter bedrängt werden. Man solle ihr Zeit lassen, »wieder den Anschluss zu finden, da es doch besser sei, wenn das Grundgesetz auf breiter Grundlage zustande komme«. Pfeiffer machte im Übrigen zwei Lager in der SPD aus. Das eine werde von »Leuten mit staatsmännischem Weitblick und Verantwortungsgefühl« gebildet, die die baldige Errichtung einer westdeutschen Regierung für notwendig hielten; das andere Lager bestehe aus den Taktikern, die auf die »nationale Trommel« schlügen und glaubten, klug zu handeln, wenn sie aus Sorge vor einem geteilten Deutschland die Verfassung scheitern ließen. In diesem Lager hatte auch Carlo Schmids Idee eines Organisationsstatuts plötzlich wieder Konjunktur.

Auf Seiten der CDU/CSU wurde laut darüber nachgedacht, dass es einfacher sei, wenn die Franzosen der Bizone beiträten.

Da dies aber auch keine befriedigende Lösung sei und der Parlamentarische Rat sein Versagen einzugestehen hätte, müsste man dann doch eine Nationalversammlung wählen, am besten nach dem Prinzip des Mehrheitswahlrechts. Dadurch würden klare Mehrheiten geschaffen werden.

Offenbar in dieser Phase entstand – aus dem Dunstkreis der CDU/CSU und möglicherweise aus der Feder von Anton Pfeiffer – ein ungezeichnetes und undatiertes Aktenstück mit der Überschrift »Folgen des Scheiterns der Verfassung infolge der Haltung der Deutschen gegenüber den Wünschen der Alliierten«. Niemand rechne damit, dass die Alliierten nochmals neue Artikelentwürfe beziehungsweise -formulierungen unterbreiteten. Ein Scheitern des Grundgesetzes würde an der Kurzsichtigkeit und politischen Instinktlosigkeit der Deutschen, also dem Parlamentarischen Rat, festgemacht werden. Die Chance sei versäumt worden, sich aus dem Besatzungsregime herauszuwinden. Das Papier endete mit der bedrohlichen Bemerkung: »Das Scheitern der Verfassung ist ein Erfolg Moskaus!« Durch ihre sture Haltung und Kompromisslosigkeit lag für den Verfasser dieses Papiers die Verantwortung für das Scheitern der Verfassung bei der SPD, die damit die Interessen Moskaus bediene.

Gegen die Hoffnungslosigkeit hoffen

Am 19. März 1949 kam der bisherige Leiter des französischen Verbindungbüros, Jean Laloy, zum Abschiedsbesuch zu Präsident Adenauer. Ähnlich wie bereits der Amerikaner Simons sprach auch Laloy die Ablehnung des Entwurfes des Siebenerausschusses durch die Verbindungsoffiziere an, die auf eine Weiterleitung des Entwurfs an die Militärgouverneure verzichten wollten.

Im Gegensatz zu den Erkenntnissen Pfeiffers, dessen Pessimismus auch von den Unionsabgeordneten Kaufmann und Lehr geteilt wurde, rechnete der SPD-Abgeordnete Walter Menzel auf der Ministerpräsidentenkonferenz in Königstein im Taunus am 24. März 1949 fest damit, dass die Neufassung des Artikels zur konkurrierenden Gesetzgebung genehmigt würde.

Zwischen dem 18. und 25. März 1949 kam die Arbeit im Parlamentarischen Rat ganz zum Erliegen. Nur der Siebenerausschuss trat am 22. März 1949 noch einmal zusammen. Solange die alliierte Stellungnahme auf sich warten ließ, konnten redaktionelle Änderungen an jenen Grundgesetzartikeln durchgeführt werden, die außerhalb des besonderen Interesses der Alliierten lagen.

Der Stillstand erfuhr nur noch eine Unterbrechung durch die öffentlich gewordenen Rücktrittspläne des hessischen Abgeordneten Heinrich von Brentano (CDU). Dieser warf den Parteien vor, den wichtigen Entscheidungen und Kompromissen bei der Grundgesetzarbeit auszuweichen. Durch das Memorandum der Militärgouverneure vom 2. März stehe der Parlamentarische Rat wieder dort, wo er am 1. September 1948 begonnen habe. Der wesentliche Unterschied liege darin, dass die grundsätzlichen Meinungsverschiedenheiten nun offen zutage träten. Es hätten sich scharfe Fronten gebildet, die eine Verständigung nahezu unmöglich erscheinen ließen.

Die Demarche der Alliierten Verbindungsoffiziere (25. März 1949)

Zu der erwarteten Begegnung der Mitglieder des Siebenerausschusses mit den Alliierten kam es in dem Büro des britischen Verbindungsoffiziers in Bonn am 25. März 1949.

Präsident Adenauer war nicht anwesend, da er auch nicht Mitglied des Siebenerausschusses war, als der britische Verbindungsoffizier Chaput de Saintonge den neuen Leiter des französischen Verbindungsbüros, Jean Victor Sauvagnargues, vorstellte. Dieser hatte turnusmäßig den Vorsitz und übernahm die Leitung der Sitzung.

In einer sehr umständlichen und geschraubten Sprache erklärte Sauvagnargues, dass die drei Militärgouverneure zu einer Anzahl von Punkten in dem Memorandum vom 2. März 1949 ihre Bemerkungen gemacht hätten. Nur wenige Modifikationen seien nötig, um »übereinzukommen, dass das Grundgesetz den Instruktionen entspräche, die sie von ihren Regierungen« mit den Londoner Empfehlungen erhalten hätten. Es wäre keine Schwierigkeit für die Militärgouverneure gewesen, ihren Regierungen die Annahme dieses Grundgesetzes zu empfehlen, wenn das Memorandum vom 2. März berücksichtigt worden wäre.

Von dem Entwurf des Siebenerausschusses seien die Militärgouverneure von den Verbindungsstäben in Bonn nicht amtlich in Kenntnis gesetzt worden. Es sei nun die Aufgabe des Parlamentarischen Rates, verantwortungsbewusst seinen Auftrag zu einem guten Ende zu führen. Die Militärgouverneure würden zum Grundgesetz erst Stellung nehmen, wenn es ihnen offiziell übermittelt werde.

Absicht sei es bei dieser Begegnung gewesen, den Parlamentarischen Rat wissen zu lassen, »dass der Vorschlag des Siebenerausschusses nicht der Mitteilung vom 2. März entspricht«.

Damit war die Sitzung beendet. Einschließlich der Vorstellung des neuen Leiters des französischen Verbindungsbüros in Bonn durch seinen britischen Kollegen Chaput de Saintonge hatte sie nur 15 Minuten gedauert.

Die Abgeordneten des Parlamentarischen Rates waren »erschüttert« über die Art und Weise, mit der der neue französische Verbindungsoffizier, ohne sich auf eine Diskussion einzulassen, die Sitzung führte und kurzerhand beendete.

Doch den Parlamentariern war entgangen, dass es vor der Sitzung zwischen dem französischen und dem amerikanischen Verbindungsoffizier erhebliche Spannungen gegeben hatte. Der gerade aus Paris eingetroffene Sauvagnargues wollte mit dem Siebenerausschuss so lange verhandeln, bis eine für die Alliierten zufriedenstellende Lösung gefunden würde, die auch den

Londoner Empfehlungen entspräche. Mit anderen Worten: Er setzte auf ein Einlenken des Parlamentarischen Rates. Das lehnte der amerikanische Verbindungsoffizier Simons ab, denn selbst für die Militärgouverneure sei ihr Memorandum vom 2. März kein ultimativer Text. Eine weitere Diskussion mit diesem Verhandlungsergebnis hätte aber genau diesen Anschein erwecken können. Es gab – was die Mitglieder des Parlamentarischen Rates nicht wussten – offenbar noch einen Verhandlungsspielraum. Doch dazu musste erst die Washingtoner Außenministerkonferenz abgewartet werden, die für Anfang April 1949 geplant war. Die Verbindungsoffiziere hatten sich deswegen vorab verständigt, die Erklärung vom 25. März 1949 nicht weiter zu diskutieren.

Dennoch war eine Brüskierung der Deutschen eigentlich nicht beabsichtigt. Simons hatte sich einen deutlich moderateren Ton seines französischen Kollegen erhofft. Deswegen dachte man wohl, es wäre vorteilhaft, wenn im Anschluss an die Sitzung Schadensbegrenzung betrieben werden könnte. In informellen Gesprächen zeigten sich insbesondere die Amerikaner umso versöhnlicher, um den unglücklichen Eindruck, den Sauvagnargues mit dem abrupten Ende hinterlassen hatte, wieder wettzumachen. Jegliches Gefühl der Unfreundlichkeit und des Mangels an Sympathie sollte bei den Deutschen zerstreut werden.

Das Ziel der Nachbesprechung am 25. März bestand tatsächlich darin, die Parlamentarier dazu zu bringen, auch ohne weitere Begegnungen mit den alliierten Verbindungsoffizieren nun zügig ihre Arbeit am Grundgesetz abzuschließen. In diesem Sinne hatte der britische Verbindungsoffizier Chaput de Saintonge gegenüber Hermann Höpker Aschoff (FDP) und Rudolf Katz (SPD) darauf gedrängt, alles zu tun, wenigstens den »Prinzipien« des Memorandums zu entsprechen und das Grundgesetz schnellstens zu verabschieden. Katz versprach, den SPD-Parteivorstand dazu zu bewegen, seine bisherige Haltung aufzugeben, die darin bestand, erst nach Bekanntgabe des Besatzungsstatuts das Grundgesetz in dritter Lesung zu beschließen.

Das Ergebnis der Nachbesprechung war erfolgreich. Das zeigte wenigstens die Pressemitteilung, die eine Stunde nach der Verkündung der Demarche vom Siebenerausschuss herausgegeben wurde. Hierin hieß es:

»Seitens der Verbindungsstäbe kam ferner zum Ausdruck, dass die Gouverneure erst dann Stellung nehmen würden, wenn ihnen das verabschiedete Grundgesetz überreicht würde. Im Übrigen seien die Gouverneure der Meinung, dass es nunmehr die Aufgabe des von der Auffassung der Gouverneure unterrichteten Parlamentarischen Rates sei, das Grundgesetz in eigener Verantwortung zu einem guten Ende zu bringen.«

Aus nachrichtendienstlich abgefangenen Informationen war den Briten übrigens bekannt, dass die Deutschen schon vor dem Treffen am 25. März 1949 mit einer Ablehnung des Entwurfes des Siebenerausschusses gerechnet hätten.

Die CDU diskutierte bereits die Möglichkeit, die Auseinandersetzungen innerhalb der SPD auszunutzen, um strittige Teile des Grundgesetzes mithilfe der FDP zu verabschieden. Doch Höpker Aschoff ließ keinen Zweifel an der Haltung der FDP, die die SPD nicht im Stich lassen würde.

Krise in Bonn und in Frankfurt

Der Parlamentarische Rat befand sich nun in einer äußerst schwierigen Situation, deren Ausgang von der SPD abhing. Und für die SPD gab nur zwei Möglichkeiten: Entweder sie drängte auf die Durchsetzung des Grundgesetzes in seiner jetzigen Form, ohne Rücksicht auf die Militärgouverneure; oder sie bestand auf einer kompletten Überarbeitung der Gesetzgebungskompetenz des Bundes und der Finanzfragen. In der CDU befürchtete man Letzteres, dass also die SPD den gesamten politischen Kompromiss des Siebenerausschusses neu aufrollen würde.

In all den Wochen zuvor hatten Adenauer und seine CDU/CSU-Fraktion die Militärgouverneure so oft wie möglich treffen wollen. Das wäre insofern für die CDU/CSU günstig gewesen, weil die Generäle stets die föderalistische Haltung der CSU bestätigt hatten. Jetzt aber, nach dem 25. März 1949, wollte auch die CDU kein Grundgesetz vorlegen, das Gefahr lief, von den Militärgouverneuren sowie von der Schwesterpartei CSU abgelehnt zu werden. Die Sorge war berechtigt! Nicht umsonst hatten Anton Pfeiffer und Hans Ehard in den Tagen vor dem 25. März zahlreiche Gespräche in Bonn geführt.

Die Mitglieder des Siebenerausschusses berieten sich nach der Übergabe der Demarche vom 25. März 1949 kurz. Sie formulierten die bereits zitierte Presseerklärung und beschlossen die Auflösung ihres Ausschusses, dessen Mission – wie zuvor die des Fünferausschusses – gescheitert war.

In den folgenden Tagen war es der Brite Chaput de Saintonge, der in Gesprächen vor allem das Vertrauen von SPD-Abgeordneten aufrechtzuerhalten suchte. Deswegen argwöhnte man auf französischer Seite am 2. April 1948, dass die Briten mit den Sozialdemokraten gemeinsame Sache machen würden, denn sie hätten diesen gegenüber die Bedeutung des Memorandums vom 25. März stets heruntergespielt und beabsichtigten auf der anstehenden Konferenz in Washington, die Außenminister vor vollendete Tatsachen zu stellen.

Auch Adenauer wurde in vertraulichen Hintergrundgesprächen der Verdacht unterbreitet, dass möglicherweise die Außenminister der drei Besatzungsmächte die Entscheidung zum Grundgesetzentwurf bald übernehmen würden, weil sich offensichtlich die Militärgouverneure und ihre Berater kaum mehr einig würden. Mit der alliierten Demarche vom 25. März sollten die Deutschen nur geblufft und hingehalten werden.

Nach Beratungen in den Fraktionen kam der Siebenerausschuss am 31. März 1949 doch noch einmal zusammen und diskutierte einen von der CDU/CSU-Fraktion vorgelegten Entwurf zur Finanzfrage. Die Anfang April 1949 getroffenen Vereinbarungen ließen auf die Abfassung einer einheitlichen Stellungnahme des Parlamentarischen Rates hoffen. Doch es kam nicht zu der erwarteten Einigung, und auch der Antrag der CDU/CSU, der sich weitgehend mit dem Vorschlag der Alliierten deckte, wie Schmid feststellte, wurde von der SPD abgelehnt.

Der Norddeutsche Rundfunk zitierte am 1. April 1949 General Clay: »In Bonn nichts Neues.« Konkret – so erläuterte Clay – sei seit dem 25. März 1949 nichts geschehen, was die deutschen und alliierten Auffassungen einander nähergebracht hätte. Der Parlamentarische Rat bestehe auf einer Finanzverwaltung durch den Bund. Eine Finanzverwaltung durch die Länder, so die Ansicht des Parlamentarischen Rates, mache den westdeutschen Staat von vornherein zu einer »Totgeburt«. Über diese Frage – so der Rundfunkbeitrag von Clay – sei man am 25. März auseinandergegangen, ohne sie beantwortet zu haben.

Längst war die offene Frage zur Chefsache geworden. Sie musste auf der angekündigten Außenministerkonferenz Anfang April 1949 in Washington entschieden werden. Bei aller Uneinigkeit zwischen den Militärgouverneuren waren diese sich darin dann doch einig, dass nun die Außenminister entscheiden müssten. Clay berichtete schon am 25. März 1949 nach Washington in der Überzeugung, dass es so bald nicht zu einer westdeutschen Regierungsbildung kommen würde: »Die französischen Verzögerungstaktiken hätten die Oberhand.«

Es war ein Trauerspiel: Die »Krise in Bonn« oder die Krise im Parlamentarischen Rat wurde auch von den Alliierten dazu instrumentalisiert, von der eigenen Unfähigkeit und der »Krise in Frankfurt« abzulenken. Deswegen schien es, dass das Memorandum der Verbindungsoffiziere nur ein Hinhalten des Parlamentarischen Rates bis zur Einberufung der bereits anberaumten Außenministerkonferenz in Washington Anfang April 1949 war.

Aber noch am 3. April 1949 schickte Adenauer seinen persönlichen Referenten Blankenhorn zum amerikanischen Verbindungsoffizier Simons, um ihm die Lage der CDU zu verdeutlichen: Wenn sich die CDU gegen die Finanzvorschläge der SPD entscheide und damit das Grundgesetz ablehne, das Grundgesetz aber dann von den Alliierten genehmigt werde, würde sich die CDU dem Vorwurf des Verrats und der Kollaboration aussetzen. Die SPD aber würde sich als alleinige Verteidigerin deutscher Interessen darstellen können. Doch die CDU wolle auch nicht einem Grundgesetz zustimmen, das nicht ihre Interessen berücksichtige und von den Militärregierungen abgelehnt werden würde. Adenauer sei bereit, die SPD-Vorschläge zu akzeptieren, wenn er sicher sei, dass sie von den Alliierten angenommen würden.

Blankenhorn schlug deswegen vor, dass die Militärgouverneure den Parlamentarischen Rat anweisen sollten, alle Entscheidungen bis zur Zusammenkunft der Außenminister zu verschieben. Doch Simons war der Auffassung, dass die Militärgouverneure sich nicht in das Verfahren des Parlamentarischen Rates einmischen könnten. General Clay, dem dies berichtet wurde, schloss sich der Auffassung von Simons im Übrigen an.

Adenauer hatte es begriffen. Der Parlamentarische Rat tat gut daran, bis zu den Ergebnissen der Außenministerkonferenz in Washington abzuwarten, bevor er von sich aus neue Aktivitäten ergreifen würde.

10. Weichenstellung in Washington im April 1949

Die Mitteilung der Außenminister vom 5. April 1949

Vom 5. bis 8. April 1949 tagten die Außenminister der USA, Frankreichs und Großbritanniens in Washington. Grundlegende Entscheidungen über die Zukunft des Grundgesetzes und die Zukunft Deutschlands wurden erwartet.

Ein erstes Ergebnis der Konferenz erreichte die Mitglieder des Parlamentarischen Rates schon am ersten Tag, dem 5. April 1949. Die drei Militärgouverneure erhielten eine Nachricht, die wiederum ihre Bonner Verbindungsoffiziere dem Parlamentarischen Rat übermittelten:

»*Die Außenminister […] erfahren mit Befriedigung, dass die zuständigen Ausschüsse des Parlamentarischen Rates die Vollendung des Grundgesetzes vorwärtstreiben. Die Außenminister nehmen an, dass in den nächsten Tagen in Bonn Entscheidungen über mehrere wichtige Punkte getroffen werden, die mit dem Grundgesetz zusammenhängen. Sie haben das Vertrauen, dass der Parlamentarische Rat und die verantwortlichen deutschen Parteiführer den Empfehlungen der Militärgouverneure die nötige Beachtung schenken werden, die im Einklang stehen mit den Bestimmungen des Londoner Abkommens, das die Errichtung einer deutschen föderalistischen Regierung autorisiert. Die Außenminister wünschen, dass die Entscheidungen des Parlamentarischen Rates in einem Geiste getroffen werden, der eine gegenseitige kooperative Haltung zwischen den künftigen deutschen Bundesbehörden und den Besatzungsmächten erleichtert, was eines der wichtigsten Ziele ist, die in den gegenwärtigen Besprechungen in Washington betreffend Deutschland angestrebt werden.*«

Bei diesem Schreiben handelte es sich um ein diplomatisch abgefasstes Dokument, das zur Zeit seiner Veröffentlichung durchaus unterschiedliche Interpretationen zuließ.

Präsident Adenauer entnahm dem Text, dass die Regelung des Finanzwesens nur im Sinne des Memorandums der Gouverneure vom 2. März erfolgen könne, wenn das Grundgesetz von den Alliierten genehmigt werden solle.

Der Vorsitzende der FDP-Fraktion, Theodor Heuss, hielt die Zustimmung der Außenminister nur für sicher, wenn sich in der Schlussabstimmung eine starke Mehrheit des Parlamentarischen Rates für das Grundgesetz fände. Es komme darauf an, die Chance nicht zu verspielen, ein einheitliches Staatsgebilde mit einer handlungsfähigen Regierung an der Spitze zu erhalten.

Carlo Schmid blieb sich treu. Er sah ein, dass die SPD nicht mit dem Kopf durch die Wand könne. Sie müsse es jedoch als unverantwortlich ansehen, ein Grundgesetz zu verabschieden, das sie für ein untaugliches Instrument halte. Eine Verfassung, von der man annehmen müsse, dass sie nicht funktioniere, sei schlechter als gar keine.

Der Parteivorsitzende der SPD, Kurt Schumacher, teilte aus Hannover mit, dass die Erklärung der drei Außenminister weder eine Stellungnahme zu den deutschen Gegenvorschlägen noch konkrete Forderungen enthalten würde. Die CDU, so Schumacher, wolle ihre alten föderalistischen und partikularistischen Wünsche mithilfe der Alliierten durchsetzen. Insbesondere die linksrheinischen (gemeint war der Kölner Adenauer) und südbayerischen Föderalisten (gemeint waren Ehard und Pfeiffer) wollten jetzt die Ernte einfahren. Diese Politik der CDU und CSU entspreche der Tradition des klerikalen Partikularismus und komme den französischen Wünschen entgegen. Die SPD könne sich nur zu einer Politik bekennen, die Deutschland lebensfähig mache und eine europäische Zusammenarbeit ermögliche. Mit dem klerikalen Partikularismus, der französische Wünsche bediene, brandmarkte Schumacher den Parlamentspräsidenten Adenauer, der sich auf internationalen Begegnungen in der Schweiz wiederholt mit dem katholischen Außenminister Frankreichs, Robert Schuman, getroffen hatte.

Gegen Legendenbildungen

In einem bemerkenswerten Pressekommuniqué vom 5. April 1949 wandten sich auch die alliierten Verbindungsstäbe an die Öffentlichkeit. Darin richteten sie sich gegen die verbreiteten Behauptungen, dass der Parlamentarische Rat nicht rechtzeitig über die alliierten Auffassungen unterrichtet worden sei. Ein Verbindungsoffizier erklärte, dass vielmehr schon am 19. Oktober 1948 dem Vizepräsidenten Adolf Schönfelder Hinweise zur Frage der Finanzhoheit durch die alliierten Verbindungsstäbe übermittelt worden seien. Diese Hinweise hätten jedoch im Parlamentarischen Rat keine Berücksichtigung gefunden.

Am 22. November sei dann Präsident Adenauer ein Memorandum überreicht worden, in dem die Länderfinanzverwaltung gefordert worden sei. Wieder habe der Parlamentarische Rat keine Konsequenzen gezogen. Mitte Dezember habe eine Delegation des Parlamentarischen Rates Gelegenheit erhalten, in direkter Fühlungnahme mit den Militärgouverneuren in Frankfurt alle strittigen Fragen zu klären, bevor im Hauptausschuss eine endgültige Lösung herbeizuführen war. Diese Gelegenheit sei von deutscher Seite zu einer Krise um Präsident Adenauer missbraucht worden und der Hauptausschuss habe seine Beratungen unbeeindruckt fortgesetzt.

Mit dieser Stellungnahme wollten die Alliierten in diesen sehr ereignisreichen Tagen öffentlich einer Legendenbildung durch die Deutschen entgegenwirken. Sie verwahrten sich dagegen, dass ihre Politik zu parteipolitischem Prestige missbraucht würde. Überrascht waren die Alliierten umso mehr über das Taktieren der Parteien, da es doch eigentlich um das Schicksal und die Zukunft Deutschlands ging.

In ihrem Memorandum vom 5. April 1949 machten die Außenminister der drei Besatzungsmächte, eingekleidet in verbindlichen Worten, deutlich, dass das bisherige »Alles oder Nichts« bestehen bliebe.

In diesem Sinne erklärte der britische Verbindungsoffizier Chaput de Saintonge am 8. April 1949 dem persönlichem Referenten von Adenauer, Blankenhorn, ein Grundgesetz wäre ohne die Zustimmung beider großer Parteien nur »ein Pyrrhussieg«. Blankenhorn versicherte dem Leiter des britischen Verbindungsbüros, dass die CDU – von der CSU war nicht die Rede – diese Position voll und ganz teile.

Unter diesem Aspekt konnte man die Erklärung der Außenminister vom 5. April 1949 auch anders verstehen. Von einer Billigung des Grundgesetzes war nicht mehr die Rede. Vielmehr schenkten die Außenminister dem Parlamentarischen Rat ihr Vertrauen, und sie wünschten nun endlich eine Einigung der beiden großen Fraktionen CDU/CSU und SPD.

Die Bekanntgabe des Besatzungsstatuts am 10. April 1949

Nur wenige Tage nach der Übermittlung der Erklärung der Außenministerkonferenz vom 5. April luden die Verbindungsstäbe sehr kurzfristig und ausnahmsweise für Sonntagvormittag, den 10. April 1949, um 11.00 Uhr eine Delegation des Parlamentarischen Rates zu einer Besprechung ein.

Für die CDU nahmen teil: Präsident Adenauer und Jakob Kaiser; von der SPD war nur Vizepräsident Adolf Schönfelder anwesend. Der Fraktionsvorsitzende Carlo Schmid kam erst gegen Ende der Sitzung dazu, worüber sich Adenauer ärgerte. Herbert Blankenhorn und Kajus Köster vom Sekretariat des Parlamentarischen Rates begleiteten Präsident Adenauer. Die Teilnehmer der Verbindungsstäbe waren der Amerikaner Hans Simons, der für den Monat April den Vorsitz übernommen hatte, der Brite Rolland Chaput de Saintonge und der Franzose Claude Cheysson.

Simons entschuldigt sich zunächst dafür, dass die Sitzung ausgerechnet an einem Sonntag stattfand. Doch die Zeit drängte. Alle Beteiligten waren interessiert, keine weitere Zeit zu vergeuden.

Von den Verbindungsbeamten wurden in Englisch, Französisch und dann in einer nichtamtlichen Übersetzung in Deutsch zwei Texte verlesen, die danach den Vertretern des Parlamentarischen Rates schriftlich übergeben wurden.

Der erste Text war eine »Botschaft« der Militärgouverneure, die den Parlamentarischen Rat offiziell über einige Ergebnisse der Washingtoner Außenministerkonferenz unterrichtete. Demnach sollten mit Errichtung der Bundesrepublik Deutschland die Militärregierung nicht mehr bestehen und die im zukünftigen Besatzungsstatut geregelten Überwachungsaufgaben von drei Hohen Kommissaren und die militärischen Aufgaben von je einem Oberbefehlshaber wahrgenommen werden. Die Hohen Kommissare würden gemeinsam die alliierte Hohe Kommission bilden. Wörtlich lautete der letzte Satz: *»Bevor jedoch die weitreichenden Entwicklungen, die sie [die Außenminister] im Auge haben, in Gang gesetzt werden können, ist es wesentlich, dass der Parlamentarische Rat zu einer Einigung über das Grundgesetz für die deutsche Bundesrepublik kommt.«* Wieder drängten die Alliierten, endlich zum Abschluss zu kommen.

Der zweite Text enthielt den Wortlaut des lang erwarteten Besatzungsstatuts. Die Übermittlung des Textes war mit Erleichterung von den Parlamentariern als ein echter Fortschritt betrachtet worden. Von Beginn an hatten die Deutschen die Bekanntgabe des Besatzungsstatuts gefordert, bevor sie in die Schlusslesung des Grundgesetzes gehen würden.

Emotional war diese Forderung damit zu rechtfertigen, dass 1919, mitten in der Verfassungsarbeit der Weimarer Nationalversammlung, die hohen Reparationszahlungen des Versailler

Friedensvertrags bekannt gemacht worden waren, was die Verfassungsarbeit kurzeitig zum Erliegen gebracht hatte. Ein Déjàvu wollte man nicht erleben. Und deswegen hatte Carlo Schmid seit der ersten Aussprache im Parlamentarischen Rat im September 1948 bekräftigt: ohne Besatzungsstatut kein Grundgesetz.

Simons wies in Ergänzung der Botschaft der Militärgouverneure darauf hin, dass diese jederzeit bereit seien, mit Vertretern des Parlamentarischen Rates das Besatzungsstatut zu erörtern, um möglichst schnelle Fortschritte zu erzielen.

Präsident Adenauer dankte für die beiden Dokumente und stellte sogleich einige Fragen: Sie betrafen die Möglichkeiten des Außenhandels, die »Erfüllung der internationalen Verpflichtungen« und die Zukunft des Besatzungsstatuts im Falle »einer Einigung zwischen den Sowjets und den westlichen Alliierten«. Die wichtigste Frage war aber, ob der Entwurf des Besatzungsstatuts noch verändert werden könne.

Adenauer hatte sofort die neuralgischen Punkte erkannt. Doch Simons hatte keinen Auftrag, Fragen zum Besatzungsstatut zu beantworten. Er betonte den »vertraulichen Charakter der Dokumente« und wies darauf hin, dass die Texte nicht vor dem 12. April um 12 Uhr an die Presse weitergegeben werden dürften. Allerdings dürften Journalisten von der Tatsache informiert werden, dass dem Parlamentarischen Rat das Besatzungsstatut bekannt sei.

Darüber zeigte sich Adenauer überrascht, denn einer Meldung der BBC zufolge sei das Besatzungsstatut bereits am Samstag, dem 9. April an hochrangige Mitglieder des Parlamentarischen Rates übergeben worden. Chaput de Saintonge beschwichtigte Adenauer und erklärte, dass der ursprüngliche Termin verschoben worden sei und Adenauer als Präsident selbstverständlich eingeladen worden wäre.

Simons fügte an, dass das Besatzungsstatut im selben Augenblick übrigens auch den Ministerpräsidenten übergeben werde. Das wiederum veranlasste Adenauer, den Vorschlag zu unterbreiten, die Ministerpräsidenten in die Beratung mit den

Militärgouverneuren über das Besatzungsstatut einzubinden. Er bot an, dass man am Nachmittag des 14. April 1949 bereits von den Militärgouverneuren empfangen werden könnte. Der Parlamentarische Rat, so kündigte Adenauer an, würde am 12. April 1949 regulär seine Arbeit wieder aufnehmen.

Die Besprechung mit den Militärgouverneuren am 14. April 1949

Adenauers Terminvorschlag wurde angenommen. Die Beratungen bereitete der Ausschuss für das Besatzungsstatut zum Teil gemeinsam mit den Ministerpräsidenten vor. Auf Vorschlag der Alliierten wurde ein Fragenkatalog erarbeitet und vor der gemeinsamen Sitzung am 14. April den Militärgouverneuren zur Verfügung gestellt. Es bestand aber immer noch keine Klarheit, ob auch das Besatzungsstatut noch geändert werden könne und der Wortlaut vom 10. April dann nur ein Entwurf gewesen sei.

Am 14. April 1949 traf nun zum dritten Mal während der gesamten Verhandlungen des Parlamentarischen Rates eine deutsche Delegation mit den Militärgouverneuren in Frankfurt zusammen, allerdings mit zwei Besonderheiten. Erstmals waren Berliner Abgeordnete als Beobachter anwesend und zusätzlich nahm eine Delegation der Ministerpräsidentenkonferenz teil. Waren die Ergebnisse der Sitzung am 16. und 17. Dezember 1948 sowie am 2. März 1949 für die Deutschen sehr unbefriedigend, so zeichneten sich die Beratungen vom 14. April 1949 – trotz fehlender Einigung zwischen den Fraktionen beziehungsweise den Parteien – durch weitgehendes Einvernehmen aus.

Clay leitete die Sitzung. Adenauer dankte für die Gelegenheit zur Aussprache und bezeichnete »das Besatzungsstatut als einen Fortschritt«. Bei einer verständnisvollen Handhabung sah Adenauer eine allmähliche Entwicklung, die zu einer deutschen Autonomie führen könne.

Danach erhielten Carlo Schmid in seiner Eigenschaft als Vorsitzender des Ausschusses für das Besatzungsstatut und Anton Pfeiffer als Vorsitzender der CDU/CSU-Fraktion das Wort.

Clay antwortete daraufhin, dass aus der Sicht der Außenminister mit dem Besatzungsstatut den Deutschen ein Maximum an legislativer Selbstständigkeit überlassen werde. Ausweichend war Clay wegen der praktischen Anwendung des Besatzungsstatuts, das würde tatsächlich erst mit der Hohen Kommission beantwortet werden können.

Ausführlich wurde die Frage der Polizeikompetenz des Bundes durchgesprochen. Dazu legten die Militärgouverneure einen Brief vor, der fortan als »Polizeibrief« vom 14. April 1949 bezeichnet wurde. In Anknüpfung an das Memorandum vom 22. November 1948 teilten darin die Militärgouverneure mit, der Bundesregierung sei es gestattet, Bundesbehörden einzuführen in den Bereichen:

- Überwachung des Personen- und Güterverkehrs,
- Sammlung und Verbreitung von polizeilichen Auskünften und Statistiken,
- Koordinierung zur Untersuchung von Verletzungen der Bundesgesetze,
- Verletzung internationaler Verpflichtungen in Hinblick auf Rauschgiftkontrolle oder Verbrechensverfolgung.

So, wie es einerseits im Polizeibrief um Kompetenzen auf Bundesebene ging, blieb eine Bundeszuständigkeit auf dem Polizeigebiet andererseits jedoch weiterhin stark eingeschränkt.

Danach verlas Walter Menzel (SPD) eine kurze Erklärung des Parlamentarischen Rates, demzufolge die bisherigen Kompromisse von den Alliierten nicht angenommen worden seien. Auch die Botschaft der Außenminister vom 5. April habe die Schwierigkeiten einer Einigung im Parlamentarischen Rat nicht zu beheben vermocht.

Clay erinnerte daran, dass die Alliierten sogar angeboten hätten, sich zur Beschleunigung der Arbeit mit dem Hauptausschuss zu treffen, bevor der Grundgesetzentwurf ins Plenum ginge. Durch die Botschaft der Außenminister vom 10. April habe sich jedoch die Situation dahingehend geändert, dass die Außenminister, so glaubte Clay, »in einer sehr großzügigen Art und Einstellung all die Probleme, um die es ging, in einem kurzen Dokument zusammengefasst« hätten. Clay dazu im Wortlaut weiter:

»*Wenn Sie nicht im Lichte unserer Empfehlungen mit Vorschlägen, die ausgearbeitet worden sind, hervortreten, dann versetzen Sie uns in eine wirklich sehr schwierige Lage. Können Sie uns auch nur ungefähr einen Anhaltspunkt geben, wann der Hauptausschuss mit seiner abgeschlossenen Arbeit, mit seinen Vorschlägen an uns herantreten wird?*«

Clay spielte also den Ball an den Parlamentarischen Rat zurück. Immerhin unterstrich er die großzügige Einstellung der Außenminister zur gesamten Arbeit im Parlamentarischen Rat. Das ließ doch hoffen!

Als Adenauer nochmals darauf hinwies, wie schwierig es sei, auch nur annähernd einen Termin zu nennen, sagte Clay gerade angesichts der internationalen Lage: »*Mit jedem Tag, der verstreicht, opfern Sie einen Teil dieser freundlichen Einstellung, die mit den Vorschlägen der Außenminister geschaffen worden ist.*«

Nach einer kurzen Beratung der deutschen Delegation bot Adenauer an, bald erneut mit einer Delegation zu kommen, um den von allen gewünschten Erfolg herbeizuführen. Clay willigte ein, sprach aber die Hoffnung aus, dass nur Abgeordnete kämen, die auch bindende Beschlüsse im Namen des Hauptausschusses treffen könnten.

Adenauer bot Clay daraufhin an: Was die Delegation mit den Alliierten aushandle, würde vom Hauptausschuss ausgeführt werden.

Nachdem Carlo Schmid einen konkreten Terminvorschlag weiter hinauszögern wollte, wiederholte Clay mahnend:

»Wenn Sie mit einem Vorschlag an uns herantreten und wir der Tatsache eingedenk sind, dass der vorige Vorschlag nicht annehmbar war, und Sie wirklich im Namen des ganzen Hauptausschusses sprechen, dann sind wir in einer Lage, wirklich zu versuchen, auf dem Verhandlungswege die Schwierigkeiten mit Ihnen zusammen zu überwinden. Bis Sie das nicht getan haben, haben Sie uns Ihnen gegenüber in eine unmögliche Lage versetzt.«

Clay betonte auf Nachfrage von Carlo Schmid, dass die Vorschläge des Siebenerausschusses vom 17. März 1949 keine Basis für eine Lösung seien. Er bat deswegen um einen neuen Vorschlag, der eine Diskussionsgrundlage für das Gespräch zwischen dem Parlamentarischen Rat und den Militärgouverneuren bilden sollte, und drängte ferner darauf, dass man sich noch vor dem 25. April treffe.

Schließlich ermächtigten die Alliierten den Parlamentarischen Rat, ein Wahlgesetz für die Bundesrepublik zu verfassen. Es war der Kraft des Faktischen geschuldet. Unbeeindruckt von den Vorstellungen der Alliierten, dass die Länder die Wahlgesetze erarbeiten und erlassen sollten, hatte der Parlamentarische Rat an seinem Wahlgesetzentwurf weitergearbeitet. Erneut hatten die Alliierten nachgegeben.

Am Ende der Sitzung vom 14. April 1949 war klar: Zwischen der SPD und der CDU/CSU musste jetzt nur eine Einigung über die von den alliierten Verbindungsstäben bereits am 25. März abgelehnten Vorschläge des Siebenerausschusses vom 17. März getroffen werden. Von alliierter Seite wurde deswegen im Anschluss an die Sitzung vom 14. April 1949 in einer Pressemitteilung dargelegt, was geschehen würde, wenn die SPD bei ihrer ablehnenden Haltung bliebe.

Der »Telegraf« vom 17. April 1949 und ähnlich auch »Die Rheinpfalz« vom 18. April 1949 wussten ferner zu berichten: Für den Fall, dass die SPD »nicht liefert«, sei nicht ausgeschlossen, dass der Parlamentarische Rat aufgelöst und gleichzeitig der bizonale Wirtschaftsrat zu einem Dreizonen-Parlament erweitert werde. Durch einen Erlass der Militärregierungen könne eine westdeutsche Regierung eingesetzt werden und die Arbeit des Parlamentarischen Rates fortsetzen.

Diese Drohungen waren nur mündlich durch Sprecher der Militärgouverneure kommuniziert worden.

Der »kleine Parteitag« der SPD in Hannover

Zu parteiinternen Beratungen versammelten sich am 20. April 1949 die Mitglieder des Parteivorstandes, des Parteiausschusses, der Fraktion im Parlamentarischen Rat und die Ministerpräsidenten aus der SPD auf einem sogenannten »kleinen Parteitag« in Hannover, der vom Parteivorsitzenden Kurt Schumacher dominiert wurde. Er hatte auf dem Parteitag seine kompromisslose Haltung und sein klares Nein zu den alliierten Forderungen zum Ausdruck gebracht und sich unmissverständlich gegen die alliierten Drohungen verwahrt. Als Alternative legte die SPD einen um die Grundrechte verkürzten – und angeblich schon am 11. April 1949 von Carlo Schmid, Walter Menzel und Rudolf Katz verfassten – Grundgesetzentwurf vor.

Adenauer zeigte sich in einem Radiointerview am 21. April 1949 empört und sah in der Haltung der SPD eine Verantwortungslosigkeit in höchstem Maße. Die Neuorganisation der drei Westzonen sei nicht nur eine innenpolitische, sondern auch eine europäische und eine internationale Angelegenheit. Auch fürchtete Adenauer, unter veränderten Vorzeichen eine Situation wie im Jahre 1918 vorzufinden, nur dass jetzt die Sozialdemokraten die Rolle der Nationalisten eingenommen hätten, die den Mitgliedern der CDU/CSU ungerechtfertigterweise vorwerfen würden, »Erfüllungspolitiker« der Alliierten zu sein.

Offenbar ging die SPD auf die Vorwürfe Adenauers, dass das Projekt »Grundgesetz« eine europäische und internationale Angelegenheit sei, ein.

Noch am 23. April 1949 druckte die SPD in ihrem Parteiorgan »Neuer Vorwärts« im Wortlaut ihre Parteitagsresolution ab, die einen besorgniserregenden Blick auf die Anschauung der SPD zur gesamten Grundgesetzarbeit der letzten Monate offenbarte. In der Resolution bekräftigte die SPD, dass sie von Beginn an grundsätzliche Bedenken gegen »bestimmte Auflagen« der Besatzungsmächte zum Ausdruck gebracht habe. Nur um die Chancen für eine staatliche Organisation für das deutsche Volk und den Aufbau Europas nicht zu verpassen, habe sie sich bereitgefunden, an einem provisorischen Grundgesetz mitzuwirken.

Wörtlich hieß es in der Resolution weiter:

Die SPD »sieht eine letzte Möglichkeit, die Arbeit im Parlamentarischen Rat zu einem erträglichen Abschluß zu bringen, wenn

- *die notwendige deutsche Entschlußfreiheit durch die Besatzungsmächte nicht weiter beeinträchtigt wird,*
- *der Grundgesetzentwurf auf das Notwendigste beschränkt wird,*
- *die die Volkssouveränität einengenden Vollmachten des Bundesrates entscheidend gemindert werden,*
- *die Erhaltung der deutschen Rechts- und Wirtschaftseinheit auf allen Gebieten, vor allem dem der Gesetzgebung, sichergestellt wird,*
- *eine Regelung im Finanzwesen getroffen wird, die dem Bund die Mittel und Möglichkeiten gibt, deren er zur Erfüllung seiner Aufgaben bedarf,*
- *endlich die Gleichartigkeit der Lebensverhältnisse in allen Teilen des Bundesstaates, insbesondere eine einheitliche Sozialordnung und ein angemessener Finanz- und Lastenausgleich gewährleistet wird.*

Die Sozialdemokratische Partei Deutschlands wird ein Grundgesetz ablehnen, das einer dieser Anforderungen nicht genügt.«

Das war eine vollständige Kehrtwende der SPD. Die gesamte politische Tätigkeit der letzten Monate schien vergeblich. Auch alle Vereinbarungen mit den Alliierten waren damit obsolet geworden; das war wenigstens der Eindruck bei den politischen Gegnern, insbesondere der CDU/CSU, die sich fast acht Monate ernsthaft um Kompromisse mit der SPD bemüht hatte und dazu auch innerhalb der eigenen Fraktion Überzeugungsarbeit leisten musste.

Am Abend des 22. April 1949 trafen erstmals seit dem SPD-Parteitag die SPD und die CDU/CSU in einer interfraktionellen Besprechung im Parlamentarischen Rat in Bonn aufeinander. Es galt zwischen den Positionen der SPD auf der einen sowie der CDU/CSU, dem Zentrum und der DP auf der anderen Seite zu vermitteln. Auch bei der FDP gab es Veränderungen, seit dem Parteitag unterstützte sie nicht mehr die SPD.

Recht forsch erläuterten die SPD-Abgeordneten ihren »verkürzten Grundgesetzentwurf«. Die Besprechung war eher technischer Natur. Die SPD, so wurde vereinbart, könne ihren neuen Entwurf nicht als Ganzes einbringen, sondern müsse zu jedem Artikel ihren Änderungsantrag schriftlich einbringen, der dann zur Abstimmung gestellt werde. Wortführer war nun nicht mehr Carlo Schmid, sondern die Abgeordneten Otto Heinrich Greve, Georg August Zinn und Walter Menzel. Menzel war es auch, der erklärte, dass die Grundrechte, auf die der Parlamentarische Rat so großen Wert gelegt hatte, im Widerspruch zu einem der Memoranden der Alliierten stünden.

Mitten in diese Beratungen hinein platzte die überraschende Nachricht über ein erneutes alliiertes Memorandum.

Das alliierte Memorandum vom 22. April 1949

Dieses Memorandum war, wie jenes vom 5. April 1949, von den Außenministern unterzeichnet worden und kam, abgesehen von der Frage der Einbindung Berlins in den Weststaat,

»auf dem Gebiet der Finanzen [...] jede[r] vom Parlamentarischen Rat vorgeschlagene[n] Bestimmung« wohlwollend entgegen, »die darauf abzielt, sowohl den Länderregierungen als auch der Bundesregierung finanzielle Unabhängigkeit und angemessene Finanzkraft bei der Ausführung ihrer Befugnisse innerhalb ihrer Zuständigkeiten sicherzustellen.«

Was für eine Überraschung: Jeder Vorschlag des Parlamentarischen Rates zur zukünftigen Finanzverfassung würde wohlwollend entgegengenommen werden. Die Alliierten waren zurückgerudert.

Das Memorandum vom 22. April 1949 war schon am 7. April von den in Washington versammelten Außenministern beschlossen und am 8. April unterzeichnet worden. Der Zeitpunkt, von den Bestimmungen Gebrauch zu machen, wurde den Militärgouverneuren überlassen. General Clay hatte sich anfangs gemeinsam mit General Kœnig gegen eine sofortige Bekanntgabe gesträubt. Doch nach der von der SPD auf ihrem »kleinen Parteitag« in Hannover herbeigeführten ausweglosen Situation blieb den Militärgouverneuren keine andere Wahl, als das Memorandum der Außenminister zu veröffentlichen.

Die gesamtpolitische Lage in Europa ließ ein weiteres Hinauszögern der Bonner Grundgesetzarbeit unverantwortlich erscheinen. Seit einiger Zeit liefen Verhandlungen zur Beseitigung der Berlin-Blockade, die so geheim waren, dass selbst Clay – zu seiner eigenen Verwunderung – erst kurz vor Abschluss der Verhandlungen eingeweiht worden war. In Paris liefen bereits erste Vorbereitungen zu einer neuen Außenministerkonferenz. Sie sollte am 23. Mai zusammentreten. Wenn bis dahin das Grundgesetz nicht fertig sei, könne sich die Arbeit noch erheblich weiter verzögern. Auch deswegen müsse jetzt schnell gehandelt werden.

Kurt Schumacher bejubelte das Memorandum als den »ersten großen Erfolg der entschiedenen und klaren Haltung der Sozialdemokratie [...] gegen den Versuch, Deutschland in einen Rheinbund-ähnlichen Verband aufzulösen«. Nur dem Eingreifen der Sozialdemokratie – so verlautete nun – sei es zu verdanken, dass es zu dieser Wendung bei den Alliierten gekommen sei. Die SPD habe sich im Kampf gegen die »Machtwünsche der Alliierten und ihrer deutschen Helfer« – damit war pars pro toto kein anderer als Adenauer gemeint – bewährt.

Jetzt konnte die Arbeit des Parlamentarischen Rates zwar nicht mehr scheitern. Aber die CDU/CSU musste fortan um jeden Halbsatz des Grundgesetzes mit der SPD kämpfen.

Die Schubladenaffäre

Zum großen Befremden von Präsident Adenauer stellte sich schon bald nach der Übergabe des Memorandums heraus, dass Schmid und Menzel – und möglicherweise der gesamte Parteivorstand und die Fraktion der SPD – über den Inhalt des Memorandums schon vor dem »kleinen Parteitag« informiert worden waren.

Was bedeutete das für Adenauer selbst? Ihm hatten die Militärgouverneure den Text ja nicht vorab zur Kenntnis gebracht. Zu welchem Preis oder zu welchen Bedingungen hatten die Alliierten den Text des Memorandums vom 22. April der SPD zugespielt? Und wer war das Leck unter den Alliierten: die Gouverneure, die Verbindungsstäbe; die Amerikaner, Briten oder Franzosen? Hatte nicht Schmid wiederholt darauf hingewiesen, dass die Briten ihre Zustimmung zu einem Grundgesetz verweigern würden, wenn die SPD nicht im Boot sei? Es schien ein abgekartetes Spiel gewesen zu sein! Richtete sich das auch gegen ihn und die CDU/CSU mit ihrem Grundgesetzentwurf? Oder lag den Alliierten wirklich nur daran, die SPD wieder einzubinden, damit die Bonner Verfassungsarbeit nicht ganz vergebens gewesen sei?

Im Übrigen argwöhnte Adenauer ja schon am 10. November 1948 in der Sitzung der CDU/CSU-Fraktion, dass die SPD ein Interesse daran habe, es am Ende der Grundgesetzarbeiten

»auf einen Kampf [...] mit den Alliierten ankommen zu lassen«. War dieser Kampf nun auf seinem Höhepunkt, oder war mit dem Memorandum der Kampf schon gewonnen?

Wie auch immer: Zu diesem Zeitpunkt hätte Adenauer kein politisches Kapital daraus schlagen können, auch wenn er gewollt hätte. So nahm er sich parteipolitisch völlig zurück, um jetzt zügig das Grundgesetz abschließend zu beraten und zu verabschieden. Das war nicht nur sein Interesse oder das der Alliierten, sondern plötzlich auch das Interesse der SPD. So war die Kenntnisnahme des Memorandums von SPD-Abgeordneten vor dem »kleinen Parteitag« kein Thema im Parlamentarischen Rat, weder in den interfraktionellen Ausschüssen noch im Ältestenrat. Auch in den Fraktionssitzungen der CDU/CSU schwiegen sich alle darüber aus.

Immerhin aber hatte sich Adenauers persönlicher Referent Herbert Blankenhorn für die näheren Umstände interessiert. Am 30. April 1949 hatte ihm der Leiter des britischen Verbindungsstabes Chaput de Saintonge vertraulich berichtet, dass am 14. April, im Anschluss an die Aussprache zwischen den Militärgouverneuren und der Delegation des Parlamentarischen Rates, General Robertson die SPD-Abgeordneten Schmid und Menzel zu sich gebeten habe. In groben Zügen habe er sie mit dem Inhalt der zweiten Note der Außenminister bekannt gemacht, die aber erst am 22. April 1949 Präsident Adenauer von den alliierten Verbindungsstäben in Bonn übergeben wurde.

Die Bekanntgabe an die SPD vom 14. April sei, so wurde auch Adenauer erst am 30. April 1949 bekannt, im Einverständnis mit General Clay erfolgt. Sie sollte den Zweck gehabt haben, die SPD vor dem »kleinen Parteitag« in Hannover über »die etwaigen Konzessionen der Außenminister zu unterrichten«. Der Leiter des Büros der Ministerpräsidenten, Georg Leisewitz, wusste zu berichten, dass das Gespräch eineinhalb Stunden gedauert habe und Georg August Zinn und Otto Suhr dabei gewesen seien.

Menzel gab später zu, dass Kurt Schumacher und entweder Fritz Heine oder Erich Ollenhauer ebenfalls noch vor dem »kleinen« SPD-Parteitag von der vertraulichen Unterredung mit Robertson in Kenntnis gesetzt worden seien.

Vor diesem Hintergrund war für Adenauer deutlich geworden, dass die SPD mithilfe der Briten ein fadenscheiniges parteitaktisches Agieren an den Tag legte, um sich dann gewissermaßen als Retter der Nation zu gerieren. Wie bei seiner Abberufung als Oberbürgermeister von Köln 1945 muss sich Adenauer erneut ausgebootet vorgekommen sein.

Die kommunistische Zeitung »Unser Tag« vom 3. Mai 1949 breitete genüsslich aus, dass Schmid unmittelbar vor der Übermittlung des Memorandums am 22. April 1949 schon gegenüber Adenauer damit kokettiert habe, dass er dieses bereits kenne. Unmittelbar nach Übergabe des Memorandums, als die Verbindungsoffiziere das Dienstzimmer Adenauers verlassen hatten, kam Schmid ebenfalls aus dem Zimmer Adenauers heraus und eröffnete den wartenden Journalisten:

»Das Datum auf dem Brief stimmt ja gar nicht, das Memorandum wurde schon vor einiger Zeit geschrieben, es lag in einer großen Schublade in Frankfurt am Main. Mir ist sein Inhalt schon seit einigen Tagen bekannt.«

Aus einer Notiz vom 12. April 1949 über eine Telefonkonferenz mit dem US-Außenministerium in Washington ist ersichtlich, dass Clay sich wegen der Übergabe mit Robertson schon einen Tag später, also am 13. April verständigen wollte. Außerdem waren die Außenminister in Washington seinerzeit übereingekommen, dass die Militärgouverneure diesen Textentwurf nicht als »Botschaft der Außenminister« weiterzuleiten verpflichtet waren. Es war eine Unterrichtung für die Militärgouverneure. Diese hatten die Freiheit, jederzeit die Grundgesetzarbeit in Bonn gutzuheißen und damit zu beschleunigen.

Obwohl Clay in die Absichten Robertsons, das Memorandum vorab der SPD zur Verfügung zu stellen, eingeweiht war, hatte er das später zu vertuschen versucht. Am 25. April 1949 wurde die Nachrichtenagentur DENA in der Presse zitiert:

»Wie deutsche Konferenzteilnehmer laut DENA äußerten, gab General Clay der Vermutung Ausdruck, dass die britischen Vertreter die Beschlüsse der drei Außenminister frühzeitig an die SPD weitergeleitet haben. Andernfalls hätte der Vorsitzende der SPD, Dr. Schumacher, nicht die in der erweiterten Vorstandssitzung zutage getretene starke Haltung einnehmen können.«

Robertson hatte nach eigener Darstellung »pretty clear hints« gegeben und Schmid und Menzel aufgefordert, dieses Memorandum bei der künftigen Verfassungsarbeit für ihre Zwecke zu berücksichtigen. Auch hatten sich Robertson und Clay in diesem Sinne schon am 13. April verständigt. Wörtlich hieß es in seinem Bericht an das britische Außenministerium vom 14. April 1949 (eigene Übersetzung):

»Nach dem Treffen drängte ich meine Kollegen erneut, die Botschaft der Außenminister zu übermitteln, aber sie lehnten ab. Clay erklärte in einem privaten Gespräch, dass er bereit sei, ihnen die Nachricht am 25. April zu übermitteln, wenn sie einen entsprechenden Entwurf [zum Grundgesetz] vorlegten. Er sagte auch, er habe nichts dagegen, dass ich die Vereinbarung [der Außenminister] übermittle. Anschließend traf ich mich mit Schmid und Menzel von der SPD. Ich gab ihnen ziemlich klare Hinweise auf den Inhalt der Botschaft der Außenminister und forderte sie auf, von dem Inhalt für ihre eigene Arbeit Gebrauch zu machen und nicht zu sagen, dass der Hinweis von mir stamme. Sie dankten mir erkennbar aufrichtig und gaben an, dass ich ihnen sehr geholfen habe. Ich bin mir sicher, dass sie sich um einen Kompromiss bemühen werden, der aber wahrscheinlich ein Zugeständnis der CDU in Richtung auf eine Stärkung der Befugnisse des Bundestages erfordern wird, insbesondere im Bereich der Verwaltung, wo die Befugnisse in ihrer jetzigen Form zweifellos ziemlich gewaltig und schwerfällig sind.«

Clay hoffte, aus der Verzögerung der Übergabe des Schreibens politisches Kapital schlagen zu können.

Aber angesichts der Tatsache, dass die SPD von dem Memorandum bereits wusste, müssen die skizzierten Horrorszenarien der Alliierten über eine Auflösung des Parlamentarischen Rates im Anschluss an die Sitzung vom 14. April 1949 und die Beratungen auf dem Parteitag der SPD vom 20. April als ein gut inszeniertes Theaterspiel auf die CDU/CSU gewirkt haben. Und tatsächlich: Dem offiziellen Bericht von James W. Riddleberger, einem engen Mitarbeiter von Clay, an Botschafter Murphy über die Sitzung mit dem Parlamentarischen Rat am 14. April in Frankfurt fügte der Verfasser eine »persönliche« Nachricht an. Sie lautete:

»Clay hat bei den heutigen Verhandlungen meisterhafte Arbeit geleistet und die schwierigste Situation mit den Briten aus Gründen, die Ihnen bekannt sind, mit großem Geschick gemeistert.«

An diesem Spiel beteiligten sich auch die Briten. Am 19. April 1949 erkundigten sie sich beim US-Außenministerium, wann die Botschaft der Außenminister an den Parlamentarischen Rat übermittelt werden solle, und betonten, dass dieses noch vor dem 20. April erfolgen solle. So wahrten die Briten bei den eigenen Verbündeten den Anschein, dass der Text noch nicht publik gemacht worden sei. Im amerikanischen Außenministerium wurde auch der Eindruck erweckt, Clay habe sich ausgerechnet mit General Kœnig verbündet, dessen Regierung lieber eine schwächere Zentralregierung in Deutschland sähe. Gleichzeitig beschuldigte Clay die Briten in seinen Schreiben nach Washington der »Hintertür-Konspiration« (W. Krieger). Diese Bemerkung bezog sich tatsächlich auf die Bekanntgabe des Memorandums durch Robertson an die SPD.

Schmid dementierte eifrig, dass die SPD bereits Tage vor der Übergabe über den Inhalt des Memorandums informiert gewesen sei. Am 7. Mai 1949 kam es sogar vor internationalen Pressevertretern zu einer Gegenüberstellung von Schmid und

Adenauer. Bei diesem Anlass hatte Schmid klargestellt, »dass er die Note der Alliierten nicht vor dem 22. April zu Gesicht bekommen habe. Es sei aber in einer Unterhaltung mit General Robertson am 14. April 1949 in vager Form über die damals im Brennpunkt der Erörterung stehenden Verfassungsprobleme gesprochen worden«.

Einige Monate später, während einer Wahlkampfveranstaltung zur Bundestagswahl in Heidelberg am 21. Juli 1949, wies Adenauer auf die Begegnung vom 14. April 1949 hin und machte der SPD den Vorwurf, sie habe sich nach Kenntnis des Dokuments auf ihrem »kleinen Parteitag« am 20. April 1949 auf dieses Memorandum eingestellt, um nachher der Öffentlichkeit zu demonstrieren, dass ihre Zielvorstellungen auch in den noch offenen Fragen erreicht werden könnten.

Unabhängig von dem Eingeständnis am 30. April 1949 gegenüber Blankenhorn hatte sich Chaput de Saintonge in seiner 22-seitigen »History of the Parliamentary Council« für jene kaschierende Bewertung entschieden, dass es der SPD-Vorstand gewesen sei, »der immer noch geneigt war, an seinen früheren Entscheidungen festzuhalten, selbst auf die Gefahr hin, dass es in Bonn zu einem völligen Zusammenbruch kommt«.

Auch den Briten lag daran, die Legende zu befeuern, die SPD sei mit ihrer Parteitagsresolution zum Retter der festgefahrenen Verfassungsarbeiten geworden. Tatsächlich bestand ein Risiko des »völligen Zusammenbruches« nicht. Vielmehr arbeiteten die Briten und die SPD Hand in Hand. Die britische Labour-Regierung unterstützte von Anfang an die Verfassungsarbeit der SPD, auch wenn das nie offen zugegeben wurde. So erklärt sich auch das Vorgehen von Robertson am 14. April 1949: Er forderte die Sozialdemokraten auf, das Memorandum für ihre eigenen verfassungspolitischen Ziele zu verwenden.

Dass Schmid und mit ihm wenigstens der SPD-Vorstand schon vorab von dem Inhalt des Memorandums vom 22. April 1949 gewusst hatten, kann längst zuverlässig bestätigt werden. Auch die Quellen der Alliierten lassen keine Zweifel mehr zu.

Offen ist jedoch nach wie vor die Frage, ob und wie viel Adenauer und die CDU/CSU-Fraktion von einem Einlenken der Alliierten bereits vor dem 22. April gewusst hatten und warum der Vorwurf an die SPD zwar von langer Hand vorbereitet worden war, aber für den Bundestagswahlkampf aufgehoben wurde. Immerhin hatte wohl ein deutscher Journalist unter Berufung auf einen französischen Kollegen Adenauer gegenüber bereits am 29. März 1949 eine Bemerkung gemacht, der zufolge man in der Rückschau darauf hätte schließen können, dass die Alliierten ihre kompromisslose Haltung bald aufgeben würden. Der Austausch solcher Information erfolgte wie auch in diesem Fall nicht selten unter Einfluss von Alkohol. Wie glaubwürdig waren dann aber solche Informationen? Ferner hatte Adenauer ausweislich eines im Entwurf erhaltenen Schreibens an General Robertson gefragt, ob der Hinweis des Nordwestdeutschen Rundfunks (NWDR) zuträfe, die SPD habe vom britischen Außenminister Ernest Bevin weitgehende Informationen über eine Annahme der SPD-Forderungen in den Finanzfragen erhalten. Ein Antwortschreiben ist nicht bekannt; vielleicht ist dieses Schreiben aber auch nie abgeschickt worden. Immerhin ist es ein Hinweis darauf, dass sogar die Medien über den engen Schulterschluss der Sozialdemokraten mit den Briten berichteten.

Allem Anschein nach rechnete man im Parlamentarischen Rat spätestens seit der Außenministerkonferenz in Washington Anfang April »mit der Nachgiebigkeit der Alliierten«, wie Thomas Dehler in einem Brief an Theodor Heuss vom 13./14. April 1949 formulierte.

Fest steht: Die Militärgouverneure haben mit dem Memorandum der Außenminister, das am 7. April 1949 verfasst und am 22. April 1949 veröffentlicht wurde, den Abschluss der Arbeit am Grundgesetz eingeleitet.

11. Schlussberatungen, Genehmigung und Ratifizierung

Letzte Beratungen mit den Militärgouverneuren

Auf der Grundlage des Memorandums vom 22. April 1949 bereinigten die beiden Kontrahenten CDU/CSU und SPD innerhalb von drei Tagen ihre Meinungsverschiedenheiten. Die SPD bestand zunächst in den interfraktionellen Verhandlungen auf ihrem »verkürzten Grundgesetzentwurf«, bis es mit einem Einvernehmen zwischen Adenauer und Schmid zum Durchbruch kam. So konnte an den Beratungsstand vor dem SPD-Parteitag angeknüpft werden. Bis zum 24. April erzielte man ebenfalls eine Einigung in zwei der offenen zentralen Bereiche: Die vorgesehenen Kompetenzen des Bundesrates wurden im Sinne von SPD und FDP erheblich reduziert. Dafür gaben SPD und FDP bei der Regelung des Finanzwesens nach, demzufolge der erhebliche Teil der Steuern, ausgenommen der Umsatzsteuer, von den Ländern eingezogen werden sollte.

Anstelle des Fraktionsvorsitzenden der CDU/CSU, Anton Pfeiffer, verhandelte nun Parlamentspräsident Adenauer mit der SPD. Der Grund liegt auf der Hand: Pfeiffer leitete zwar weiterhin mit großer Umsicht die CDU/CSU-Fraktion, doch seine Partei, die CSU, lehnte den Kompromiss mit der SPD ab. Es gab Indizien, dass die CSU-Abgeordneten in der Schlussabstimmung das Grundgesetz ablehnen würden. Pfeiffer wird wohl nicht undankbar gewesen sein, dass nun Adenauer als Parlamentspräsident mit der SPD verhandelte.

Am Nachmittag des 25. April 1949 traf eine Delegation von Mitgliedern des Parlamentarischen Rates mit den Militärgouverneuren und ihren Mitarbeitern in Frankfurt zusammen. Weit über fünf Stunden dauerten die »um sechs verschiedene Ecken herum« geführten Beratungen an (Carlo Schmid). Während mehrerer längerer Unterbrechungen berieten die deutschen Teilnehmer unter sich, weil General Clay darauf drängte, endlich zu einer Übereinkunft zu gelangen. Clay selbst war es auch, der Missverständnisse aufgrund von Übersetzungsschwierigkeiten klären konnte. In einer »cordial and gratified atmosphere« – wie Clay nach Washington berichtete – konnten die Beratungen zu einem erfolgreichen Ende geführt werden.

Überschwänglich feierte die deutsche Presse den 25. April 1949 als die »Geburtsstunde des westdeutschen Staates«. Der Weg für das Grundgesetz war jetzt frei. Die Alliierten hatten ihr Placet zu den Arbeiten des Parlamentarischen Rates gegeben, wenn auch noch Feinarbeiten zu leisten waren. Nun gab es nur noch parteipolitische Differenzen, für die sich die Alliierten nicht interessierten.

Die Stimmung bei den Parlamentariern – genauso wie bei den Alliierten – war angesichts des bevorstehenden Abschlusses der Arbeit am Grundgesetz optimistisch. Die »New York Herald Tribune« schrieb am 27. April 1949 über eine »verführerische Atmosphäre« (»atmosphere of temptation«).

Die positive Stimmung hielt bei allen Politikern an. Zwischen dem 25. und 30. April 1949 hatte der britische Verbindungsoffizier Chaput de Saintonge eine Dinner Party gegeben und für seinen Bericht nach London drei Teilnehmer zitiert, um die Stimmung einzufangen:

»Pfeiffer (CSU): Optimistisch – erklärte, dass von dreißig in Frankfurt angesprochenen Punkten bis auf drei oder fünf alle geklärt seien. Erwartet keinerlei Schwierigkeiten bei den kulturellen Fragen. Glaubt, dass Bayern auf einer Volksabstimmung zur Ratifizierung des Grundgesetzes bestehen wird.

Lehr (CDU): Sehr optimistisch. Hat sich bereits darauf eingestellt, dass CDU und FDP die SPD beim Konkordat überstimmen und umgekehrt beim Religionsunterricht an Berufsschulen. Ist überzeugt, dass die Mehrheit der CSU für das Grundgesetz gewonnen werden kann, mit Ausnahme der Fanatiker. Bayern selbst ist seiner Meinung nach ein anderes Problem.

Schmid (SPD): Alles wird nach Plan laufen, aber die CDU/ CSU kann nicht zeigen, dass sie von der SPD völlig besiegt worden sind.«

So konnte sich am 29. April 1949 eine Delegation des Parlamentarischen Rates zuversichtlich einer Gruppe französischer Senatoren in Koblenz stellen und über das zukünftige Grundgesetz diskutieren. Gerade dieses Gespräch trug dazu bei, dass die Zugeständnisse zu einer Finanzhoheit des Bundes und seines Vorrangs bei konkurrierender Gesetzgebung von Bund und Ländern von den Franzosen mitgetragen wurden.

Offen blieben jetzt nur die Themen Elternrecht und Religionsunterricht, die Ende April 1949 noch Gegenstand von interfraktionellen Besprechungen waren. Der Allgemeine Redaktionsausschuss, bestehend aus Hermann von Mangoldt (CDU), Georg August Zinn (SPD) und Thomas Dehler (FDP), arbeitete vom 28. April bis zum 2. Mai 1949 den vollständig formulierten Grundgesetzentwurf aus.

Die Arbeit war mit der dritten Lesung des Grundgesetzentwurfes im Plenum in der Nacht vom 8. auf den 9. Mai 1949, vier Jahre nach der Kapitulation der deutschen Wehrmacht, abgeschlossen. Adenauer hatte den Alliierten zwar am 9. Mai, aber mit dem Datum des 8. Mai 1949 das Grundgesetz in der Fassung der dritten Lesung zugestellt.

Selbst Thomas Dehler (FDP), der im Einklang mit Carlo Schmid immer der Auffassung war, das Besatzungsstatut sei die »wahre« Verfassung, hatte auch erst am 8. Mai 1949 ein positives und versöhnliches Urteil über das Grundgesetz und seine Entstehung finden können.

Die Militärgouverneure taten alles, um nun ihrerseits die Genehmigung zu beschleunigen, da General Clay nach Amerika zurückkehren musste. Ferner liefen bereits die Vorbereitungen zur Außenministerkonferenz in Paris, die am 23. Mai 1949 beginnen sollte. Es gab schon seit längerer Zeit Gerüchte, dass die Westalliierten auf der Konferenz in Paris vom 23. Mai bis 20. Juni 1949 die Pläne zur Errichtung einer Regierung in

Westdeutschland ändern oder verzögern würden, wenn das Grundgesetz nicht vorher fertig würde.

Die Ergebnisse von Paris nahmen übrigens den Deutschen die Illusion auf eine baldige deutsche Wiedervereinigung und einen Friedensvertrag. Das neue politische Credo lautete »modus vivendi« und bedeutete faktisch, sich mit dem Erreichten zufriedenzugeben.

Die Alliierten entschieden kurzfristig, für Donnerstag, den 12. Mai 1949 eine Delegation des Parlamentarischen Rates nach Frankfurt einzuladen, um die Genehmigung des Grundgesetzes bekannt zu geben. Sie wollten eine Sitzung an einem Freitag, dem 13. (Mai) umgehen, was – so die zeitgenössische Presse – ein ungünstiges Omen bedeutet hätte. Der 12. Mai 1949 war auch der letzte Arbeitstag von General Clay und der Tag, an dem von den Russen die Berlin-Blockade eingestellt wurde. Dieser sinnfällige Tag bot sich geradezu an, auch das Grundgesetz zu genehmigen.

Am Nachmittag des 12. Mai 1949 trafen die Militärgouverneure und eine Delegation des Parlamentarischen Rates zum letzten Mal in dieser Konstellation in Frankfurt am Main zusammen. Inhaltlich sprach man noch einmal kurz über die Sonderstellung Berlins und das Ruhrstatut vom 28. Dezember 1948, wozu sich die Militärgouverneure auch in ihrem Genehmigungsschreiben geäußert hatten.

Dem Bremer Senatspräsidenten Wilhelm Kaisen (SPD), in seiner Eigenschaft als Vorsitzender der Ministerpräsidentenkonferenz, wurde danach ein Schreiben überreicht, das die Erlaubnis enthielt, den Grundgesetzentwurf in den Landtagen zur Abstimmung vorzulegen. Damit war auch diese Maßgabe der Frankfurter Dokumente vom 1. Juli 1948 vom Tisch, der zufolge das Grundgesetz eigentlich durch Plebiszit ratifiziert werden sollte.

Staatspräsident Dr. Gebhard Müller (CDU) wies auf die verfassungsrechtliche Regelung in Württemberg-Hohenzollern hin, wonach eine deutsche Verfassung durch Volksentscheid angenommen werden müsse. Die Gouverneure rieten ihm, keinen Augenblick zu zögern, eine solche landesrechtliche Bestimmung außer Kraft zu setzen.

Zu guter Letzt drückten die Alliierten in dem Schreiben an Kaisen ihre Hoffnung aus, dass auch das Wahlgesetz bald von den Landtagen angenommen werden könne.

Ratifizierung

Nachdem das Grundgesetz vom Parlamentarischen Rat bis zum 8. Mai 1949 ausgearbeitet und von den Militärregierungen genehmigt worden war, erfolgte zwischen 18. und 21. Mai 1949 die Ratifizierung durch die Landtage. In fast allen Land-

Schlusssitzung des Parlamentarischen Rates am 23. Mai 1949. Von links nach rechts die Mitglieder des Parlamentarischen Rates Helene Weber, CDU (Schriftführerin), Hermann Schäfer, FDP (Vizepräsident), Konrad Adenauer, CDU (Präsident), Adolph Schönfelder, SPD (Vizepräsident) Jean Stock, SPD (Schriftführer)

tagen wurde das Grundgesetz angenommen. Nur in Bayern kam es zu einer gewissen Einschränkung. Der Bayerische Landtag lehnte das Grundgesetz mehrheitlich ab, beschloss jedoch dann auf Antrag der Bayerischen Staatsregierung, dass bei Annahme des Grundgesetzes in zwei Dritteln der deutschen Länder »die Rechtsverbindlichkeit dieses Grundgesetzes auch für Bayern anerkannt« werde.

Danach kam am Nachmittag des 23. Mai 1949 der Parlamentarische Rat zu seiner feierlichen Schlusssitzung zusammen, in der das Grundgesetz ausgefertigt und verkündet wurde.

Unterschrieben wurde das Grundgesetz von

1. 63 der insgesamt 65 Abgeordneten des Parlamentarischen Rates (die beiden Abgeordneten der KPD verweigerten ihre Unterschrift),
2. den elf Ministerpräsidenten beziehungsweise Bürgermeistern der deutschen Länder oder Stadtstaaten in den drei westlichen Besatzungszonen,
3. den elf Präsidenten der Landtage der deutschen Länder
4. sowie den fünf Vertretern Berlins im Parlamentarischen Rat,
5. dem Oberbürgermeister von Groß-Berlin
6. und dem Stadtverordnetenvorsteher von Groß-Berlin.

An dieser Sitzung waren neben den elf Ministerpräsidenten und Landtagspräsidenten ein letztes Mal auch die drei Besatzungsmächte durch je einen ranghohen Offizier als Gäste vertreten. Das Grundgesetz trat um Mitternacht vom 23. auf den 24. Mai 1949 in Kraft. Für die Alliierten endete damit die Arbeit des Parlamentarischen Rates. Vergeblich versuchte Adenauer, die alliierten Verbindungsstäbe von der Notwendigkeit zu überzeugen, die Existenz des Parlamentarischen Rates zu verlängern. Bei Fortbestehen des Parlamentarischen Rates hätte Adenauer weiterhin als Präsident die Fäden in der Hand halten und gegebenenfalls auch als Widerpart der Ministerpräsidenten den Aufbau der Bundesrepublik Deutschland betreiben können. Immerhin

Am 24. Mai 1949 feiern die alliierten Verbindungsoffiziere mit den Mitgliedern des Parlamentarischen Rates in der Godesberger Redoute den Abschluss der Arbeiten am Grundgesetz. Von links nach rechts: Hans Simons (USA), Konrad Adenauer, Roland Chaput de Saintonge (Großbritannien)

rief der Parlamentarische Rat gegen den Willen der Militärgouverneure auf Antrag der FDP den »Überleitungsausschuss« ins Leben, der aber bedeutungslos blieb. Die mangels Einigung der Parteien noch ausstehende Genehmigung des Wahlgesetzes war eine Angelegenheit der Ministerpräsidenten geworden.

Zukünftig sollten es die Alliierten Hohen Kommissare sein, die nach den Bestimmungen des Besatzungsstatuts für die in Bonn beheimatete Bundesregierung, den Bundestag und den Bundesrat zuständig waren und deren Arbeiten im Rahmen des Besatzungsstatuts begleiten sollten.

12. Die »Teppichrede« Adenauers auf dem Petersberg am 21. September 1949

Ohne Staatsgewalt kein Besatzungsstatut

Bereits am 10. April 1949 war dem Parlamentarischen Rat von den Verbindungsoffizieren der Text des Besatzungsstatuts übermittelt worden. Für den Parlamentarischen Rat stand immer fest, dass er ohne Kenntnis des Besatzungsstatuts das Grundgesetz nicht abschließend beraten könnte. Immer wieder drängten deutsche Politiker aller Parteien die Alliierten, das Besatzungsstatut vorzulegen.

Doch Voraussetzung des Besatzungsstatuts war nicht nur das Grundgesetz, sondern die Existenz der westdeutschen Verfassungsorgane Bundestag, Bundesrat, Bundespräsident und Bundeskanzler. Vor einer Konstituierung dieser Verfassungsorgane konnte auch das Besatzungsstatut nicht in Kraft treten. So entstand aus dem Diktum der Deutschen, »ohne Besatzungsstatut kein Grundgesetz«, für die Alliierten das Diktum: Ohne Verfassungsogane keine Gültigkeit des Besatzungsstatuts.

Das Bestehen von Staatlichkeit als Voraussetzung für das Inkrafttreten des Besatzungsstatuts führt unweigerlich zu der Frage, wann die Bundesrepublik Deutschland gegründet wurde.

Die Gründung der Bundesrepublik Deutschland

Offenbar war es mit der Ratifizierung und dem Inkrafttreten des Grundgesetzes am 23. Mai 1949 alleine nicht getan, um einen Staat zu gründen. Die elf Ministerpräsidenten der deutschen Länder in den drei westlichen Besatzungszonen richteten im Juni 1949, zwecks Schaffung der notwendigsten Verfassungsorgane, sogenannte Überleitungsausschüsse ein. Sie sollten vor der Errichtung der Bundesrepublik organisatorische Hilfestellung leisten.

Die auf alliierte Genehmigung hin gebildeten Einrichtungen der Bizone bestanden auch nach dem 23. Mai 1949 weiterhin. Noch am 8. August 1949 trat der Wirtschaftsrat der Bizone in Frankfurt zu seiner letzten Plenarsitzung zusammen und verabschiedete sogar noch Gesetze. Ein untrügliches Zeichen dafür, dass von einer Gründung der Bundesrepublik mit Inkrafttreten des Grundgesetzes noch nicht gesprochen werden konnte.

Die Alliierten lösten auch erst am 1. September 1949 mit Gesetz Nr. 25 der amerikanischen Militärregierung und mit Verordnung Nr. 201 der britischen Militärregierung unter Berufung auf Artikel 122 des Grundgesetzes den Wirtschaftsrat und den Länderrat auf. Die übrigen bizonalen Einrichtungen blieben noch über den Zeitraum der Konstituierung des Deutschen Bundestages bestehen. Erst mit Inkrafttreten des Besatzungsstatuts am 21. September 1949 wurde auch der Verwaltungsrat des Wirtschaftsrates aufgelöst; aber auch er war nicht zufällig am Tag vor der Konstituierung des 1. Deutschen Bundestages, also am 6. September 1949, das letzte Mal zusammengetreten.

Für die Zeitgenossen lag auf der Hand: Die Geburtsstunde der Bundesrepublik Deutschland war der Zusammentritt des vom Volk frei gewählten 1. Deutschen Bundestages am 7. September 1949.

Am gleichen Tag trat auch der Bundesrat zu seiner ersten Sitzung zusammen.

Die Bundesversammlung wählte am 12. September 1949 Theodor Heuss zum Bundespräsidenten. Dieser schlug Konrad Adenauer zum Bundeskanzler vor, der am 15. September 1949 im Bundestag gewählt und vereidigt wurde. Formal übergab Hermann Pünder am 16. September 1949 die Dienstgeschäfte des Direktoriums des Verwaltungsrates der Bizone an Bundeskanzler Adenauer, also noch bevor am 20. September 1949 dessen Kabinett vereidigt wurde.

Bundeskanzler Adenauer versuchte zwar noch in seiner Regierungserklärung im Deutschen Bundestag am 20. September 1949, den Tag seiner Regierungsbildung und der Vereidigung seines Kabinetts als »Gründungstag« der Bundesrepublik auszulegen, doch konnte er sich mit dieser Sichtweise nicht durchsetzen.

Aus staatsrechtlicher Sicht ist es müßig, nach dem Geburtstag der Bundesrepublik Deutschland zu fragen. Ein Staat bedarf zu seiner Staatsbildung keiner geschriebenen Verfassung; das gilt auch für den sogenannten »Verfassungsstaat«, in dem Legislative, Exekutive und Judikative getrennt sind. Die Bundesrepublik Deutschland hat sich immer als Rechtsnachfolger des Deutschen Reiches verstanden. Schon deswegen bedurfte es keines eigenen staatsrechtlichen Gründungsaktes der Bundesrepublik.

Die Existenz der Bundesrepublik mit dem 23. Mai 1949 beginnen zu lassen ist jedoch eine Rückprojektion aus späteren Zeiten, die zeitgenössisch keine Resonanz gefunden hatte. Sie entsprang den Jubiläumsfeierlichkeiten zum 25-jährigen Bestehen des Grundgesetzes 1974 und führte dazu, dass man von 1979 bis 2009 sieben Bundesversammlungen zur Wahl des Bundespräsidenten an einem 23. Mai durchführte. Diese Entwicklung fand ihren Höhepunkt in dem seit den 1980er Jahren gefeierten »Verfassungspatriotismus«, der einen ethnisch und völkisch-nationalen Patriotismus in Deutschland ablösen sollte.

Wenn man einen Tag als Gründungstag festlegen wollte, an dem Gesetzgebung und Regierungsbildung sowie Etatrecht und Kontrolle der Regierung die zentralen Aufgaben des vom Souverän gewählten Parlaments sind, liegt es nahe, den Tag der Konstituierung des Parlaments als Geburtstag der Bundesrepublik Deutschland anzusehen. Unprätentiös, ohne allzu aufwendige symbolische Akte, trat mit dem Deutschen Bundestag am 7. September 1949 die Bundesrepublik Deutschland ins Leben.

Erst nach Gründung der Bundesrepublik Deutschland konnte das Besatzungsstatut, das funktionierende Staatlichkeit voraussetzte, in Kraft treten und von den Alliierten feierlich an den Bundeskanzler überreicht werden.

Das Grundgesetzfaksimile und der 8. Mai

Von der Urschrift des Grundgesetzes hatte Konrad Adenauer bei der Firma Stodieck, die auch die Urschrift fertigte, Faksimileausgaben herstellen lassen. Im Herbst 1949 übersandte Adenauer die Exemplare an ausgewählte Persönlichkeiten und Politiker mit einem Begleitschreiben. Darin hieß es:

»Zur Erinnerung an die Verabschiedung des Grundgesetzes am 8. Mai 1949 wurde ein Faksimile der Urschrift des Grundgesetzes hergestellt. Im Auftrage des Präsidiums des Parlamentarischen Rates beehre ich mich, Ihnen ein Stück dieses Faksimiledrucks zu überreichen.«

Adenauer verwies in diesem Schreiben also nicht, wie man von einem erfahrenen Juristen hätte erwarten können, auf den 23. Mai 1949 – das Datum der Ratifizierung und Verkündung des Grundgesetzes –, sondern erinnerte bewusst an den 8. Mai 1949, an dem das Grundgesetz im Parlamentarischen Rat verabschiedet worden war. Adenauer selbst war es, der zuvor, als der Abschluss der Grundgesetzarbeit absehbar war, alles daransetzte, bis zum 8. Mai 1949, dem Jahrestag der bedingungslosen Kapitulation der deutschen Wehrmacht, das Grundgesetz zu verabschieden. Es hätte in der unmittelbaren Nachkriegszeit wohl kaum ein sinnfälligeres Datum angestrebt werden können, um den westlichen Siegermächten den Willen des deutschen Volkes zu demonstrieren, sich verantwortungsvoll am politischen und wirtschaftlichen Wiederaufbau Deutschlands zu beteiligen. Doch der Versuch Adenauers, etwa auch mit dem Begleitschreiben zur Versendung der Faksimiles dem 8. Mai 1949 anstelle des 8. Mai 1945 größeren Symbolgehalt zu verleihen, scheiterte.

Das unterschriebene Exemplar des Grundgesetzes, die sogenannte »Ausfertigung« oder »Urschrift«, nahm der Leiter der Abteilung III der Verwaltung des Parlamentarischen Rates, Hans Troßmann, an sich und bewahrte sie, seit er im September 1949 Direktor beim Deutschen Bundestag wurde, in seinem Büro auf. Auf diese Weise kam der Deutsche Bundestag in den Besitz der Urschrift des Grundgesetzes; ihr Eigentümer ist freilich das deutsche Volk.

Wortwörtlich ist der Deutsche Bundestag so zum Hüter der Verfassung geworden. Und naturgemäß ist er es als demokratisch legitimierter Gesetzgeber ebenfalls, denn im Wechselspiel von Opposition und Regierungskoalition gehört die Bewahrung der verfassungsmäßig garantierten Grundrechte und Institutionen zu den vornehmsten Aufgaben des Bundestages.

Die Mitglieder des Deutschen Bundestages sind als Vertreter des Volkes, also des Souveräns, die geborenen Hüter des Grundgesetzes, und nicht, wie es häufig in der Feiertags- und Jubiläumsrhetorik heißt, das erst am 7. September 1951 errichtete Bundesverfassungsgericht in Karlsruhe. Das Verfassungsgericht spricht Recht »im Namen des deutschen Volkes«, der Bundestag ist das »Forum der Nation«.

Am 23. Mai 1949 hat übrigens kein Beteiligter und auch kein Journalist an den 23. Mai 1945 erinnert, jenen Tag, an dem die von Reichspräsident Karl Dönitz eingesetzte geschäftsführende Reichsregierung von den alliierten Siegermächten für abgesetzt erklärt und verhaftet wurde.

Die »Teppichrede«

Bundeskanzler Adenauer hatte naturgemäß wenig Interesse an einer Feierstunde zur Übergabe des Besatzungsstatuts. Ungern und nur an Bedingungen geknüpft nahm er die Einladung der Hohen Kommissare an. Adenauer stellte noch in seinen Lebenserinnerungen fest:

Der Französische Hohe Kommissar André François-Poncet im Herbst 1949 im Bundeshaus mit Bundeskanzler Konrad Adenauer

»Für einen Besiegten bleibt ein Besatzungsstatut eine unangenehme Sache, seine Übergabe an den Vertreter eines besetzten Landes ist für dieses kein Grund zu einer Feierlichkeit.«

Das ließ Adenauer auch die Hohen Kommissare wissen.

Weiter heißt es in seinen Lebenserinnerungen:

»Daraufhin beschlossen die Hohen Kommissare, das Inkrafttreten des Besatzungsstatuts lediglich durch eine Ansprache ihres Vorsitzenden mitzuteilen. Es sollte dem Akt aber dadurch ein zeremonieller Charakter gegeben werden, dass die Hohen Kommissare mich empfangen würden, indem sie auf einem Teppich stünden, während ich vor diesem stehen sollte. Ihr Vorsitzender sollte eine Ansprache halten und das Inkrafttreten des Besatzungsstatuts verkünden. Alsdann sollte ich den Teppich betreten. Ich erklärte mich einverstanden.

An dem vereinbarten Termin, am 21. September 1949, begab ich mich in Begleitung einiger Bundesminister – ich hatte nicht das gesamte Kabinett zur Vorstellung mitgenommen – auf den Petersberg. Wir wurden in einen Raum geführt, in dem uns die drei Hohen Kommissare auf einem Teppich stehend empfingen. [André] François-Poncet hatte an dem betreffenden Tage den Vorsitz inne. Er trat, während ich vor dem Teppich halt machte, einen Schritt nach vorn, um mich zu begrüßen. Ich machte mir diese Gelegenheit zunutze, ging ihm entgegen und stand somit gleichfalls auf dem Teppich. Keiner der Hohen Kommissare wendete sich dagegen.«

Die »Teppichrede« Adenauers, wie sie auch auf dem Titelbild zu diesem Buch künstlerisch festgehalten ist, war eine Inszenierung der Alliierten Hohen Kommissare. Adenauer sollte seine Ansprache ursprünglich nach Überreichung der Ausfertigung des Besatzungsstatuts halten, also auf dem Teppich. Durch den Verzicht auf die Überreichung und die zuvor erfolgte Begrüßung durch den französischen Hochkommissar stand Adenauer jedoch schon während der Ansprache von François-Poncet auf dem Teppich. Das war nicht vorgesehen! Und deswegen gibt es auch kein Foto davon. Es gibt nur Fotos, wo Adenauer sehr steif auf dem Teppich stehend sein Manuskript mit den Händen umklammert hält und seine Minister vor dem Teppichrand aufgereiht stehen.

Zu diesem Zeitpunkt war das Besatzungsstatut also noch nicht überreicht worden.

Nach den Reden wurde Sekt gereicht. Und, so Adenauer weiter,

»nach kurzer Zeit verabschiedete ich mich. Als Blankenhorn, der mich begleitete, und ich in der Garderobe unsere Mäntel anzogen, trat ein Beamter der Hohen Kommission an Blankenhorn heran und übergab ihm ein in Packpapier eingehülltes Buch. Als wir im Auto saßen, sagte ich Blankenhorn, er möge nachsehen, was man ihm überreicht habe. Er entnahm dem Paket ein in Pergament gebundenes und besonders kunst-

voll gedrucktes Besatzungsstatut, das aber nicht unterzeichnet war. Diese Urkunde hatte ein eigenartiges Schicksal. Als ich mich im Jahre 1962 im Auswärtigen Amt nach ihr erkundigte, stellte sich heraus, dass sie sich immer noch bei Herrn Blankenhorn befand. Ich bat, sie zu den Akten zu geben, was auch geschah.«

Ein zeitgenössisches Pressefoto zeigt, wie Blankenhorn den Sitz der Hohen Kommissare auf dem Petersberg bei Bonn mit einem Paket unter dem linken Arm verlässt. Adenauers Wunsch, dass diese ungezeichnete Prachtausgabe des Besatzungsstatuts zu den Akten genommen würde, ist nie erfüllt worden. Vielmehr tauchte im Jahre 2000 nach dem Tode des Diplomaten Wilhelm Grewe, wiederum einer der treuen Mitarbeiter von Blankenhorn, die Petersberger Fassung des Besatzungsstatuts unerwartet auf und gelangte in das »Haus der Geschichte der Bundesrepublik Deutschland« in Bonn, wo die Pergamentausgabe Bestandteil der Dauerausstellung ist.

Das Besatzungsstatut war – und das wird auch Adenauer nicht entgangen sein, selbst wenn er es in seinen Lebenserinnerungen nicht eigens thematisierte – in seinem äußeren Erscheinungsbild der Urschrift des Grundgesetzes nachempfunden. Die Militärgouverneure und auch die Hohen Kommissare hatten zu diesem Zeitpunkt ihre Faksimileausgaben des Grundgesetzes erhalten.

Zwei ungleiche Schwestern!

Die dem Bundeskanzler überlassene Prachtausgabe des Besatzungsstatuts ist im Impressum auf »November 1949« datiert worden, obwohl sie schon im September 1949 überreicht worden war. Den Druck besorgte die Bonner Druckerei Carthaus. Die Firma Zieher hatte, wie bereits bei der Urschrift des Grundgesetzes, den Pergamenteinband hergestellt. Die Ausgabe hatte die Maße 37,5 cm x 27,0 cm. Der Buchrücken betrug 2,4 cm.

Die Urschrift des Grundgesetzes war mit den Außenmaßen 35,0 cm x 24,0 cm demnach ein wenig kleiner.

Alleine durch die optische Vergleichbarkeit des Besatzungsstatuts mit der Urschrift des Grundgesetzes stellten die Alliierten das Besatzungsstatut wie eine – wenn auch ungleiche – Schwester neben das Grundgesetz. Sie hatten deutlich gemacht, dass das Grundgesetz und das Besatzungsstatut zusammengehörten. Entsprechend war in den Textausgaben des Grundgesetzes der frühen 1950er Jahre auch häufig das Besatzungsstatut abgedruckt worden.

Eine Instinktlosigkeit war wohl nicht beabsichtigt. Das zeigt ja auch das Verhalten der Hohen Kommissare während der Begegnung auf dem Petersberg, indem sie auf eine feierliche Übergabe verzichtet hatten.

Der Hinweis in Adenauers Erinnerungen, dass die Prachtausgabe des Besatzungsstatuts nicht unterzeichnet war, lässt vermuten, dass auf der Petersberger Begegnung ursprünglich eine feierliche Unterzeichnung, vielleicht sogar in Gegenwart des Bundeskabinetts, beabsichtigt war. Durch den Verzicht auf ein feierliches Zeremoniell kam es dann nicht mehr dazu, und die Übergabe des nicht unterzeichneten Besatzungsstatuts fand beiläufig in der Garderobe statt, wie Blankenhorn unter dem 21. September 1949 in seinem Tagebuch notierte:

»Ursprünglich sollte diese Veranstaltung dazu dienen, den Mitgliedern der neuen Bundesregierung das Besatzungsstatut ‚auf Pergament' in feierlicher Form zu überreichen. Auf die deutlichen Vorstellungen des Kanzlers hatte man schließlich davon abgesehen. Da es nun aber einmal geschrieben, wenn auch ohne Unterschrift vorlag, so drückte man es mir beim Weggehen stillschweigend in die Hand.«

Ein »Organisationsstatut« statt Grundgesetz

Wann die Alliierten Militärgouverneure auf die Idee kamen, ein dem Grundgesetz nachempfundenes Besatzungsstatut in einer luxuriösen Ausstattung zu fertigen, ist nicht bekannt. Es hatte aber immerhin ein gewisses Geschmäckle. Die SPD hatte vor und auch während der Grundgesetzarbeit – und zuletzt noch Ende April 1949 – Forderungen erhoben, statt eines Grundgesetzes ein »Verwaltungsstatut« oder ein »Organisationsstatut« für die Bundesrepublik zu erarbeiteten. Die SPD wollte für eine provisorische Bundesrepublik zum Beispiel auf ein Staatsoberhaupt (Bundespräsident) verzichten und dem Bundestagspräsidenten diese Aufgabe übertragen, solange Deutschland geteilt war. So lag es für die Alliierten durchaus auf der Hand, das Besatzungsstatut auch durch sein äußeres Erscheinungsbild »neben« das Grundgesetz zu stellen, denn immerhin hatten die Deutschen doch selbst dem Besatzungsstatut eine so große Bedeutung beigemessen.

Dass die Rechnung der Alliierten nicht aufging, lag nicht nur an dem von Adenauer erbetenen Verzicht auf eine feierliche Übergabe des Besatzungsstatuts, sondern auch daran, dass die Prachtausgabe des Besatzungsstatuts so lange in privatem Besitz verblieben war, bis auch dieses Kapitel der deutschen Nachkriegsgeschichte nur noch historisches und bibliophiles Interesse fand.

13. »Der Bundeskanzler der Alliierten«

Das Petersberger Abkommen vom 22. November 1949

Ein Monat nach der »Teppichrede« Adenauers wurde auf der Tagesordnung der 18. Plenarsitzung des 1. Deutschen Bundestages am 24. November 1949 eine Regierungserklärung mit anschließender Aussprache angekündigt. Schon auf der 17. Sitzung am 15. November 1949 hatte es eine Regierungserklärung des Bundeskanzlers mit einer Aussprache gegeben. Hier ging es bereits um eine Fülle von besatzungsrechtlichen Fragen. Adenauer hatte angekündigt, dass er über diese Dinge mit den Hohen Kommissaren verhandeln wolle. In der Sitzung am 24. November 1949 ging es am Vormittag zunächst um Details aus dem Beamtenrecht im Zusammenhang mit der Beendigung der Entnazifizierungsverfahren in der Bundesrepublik.

Nach einer Unterbrechung zur Mittagszeit wurde die Sitzung um 17:11 Uhr wieder eröffnet. Bundeskanzler Adenauer überraschte die Abgeordneten in seinem Bericht über die Ergebnisse seiner geheimen Verhandlungen zur Revision des Besatzungsstatuts und trug den Text des »Petersberger Abkommens« vom 22. November 1949 vollständig vor.

Konrad Adenauer hatte noch als Präsident des Parlamentarischen Rates eine regelmäßige Überprüfung der Bestimmungen des Besatzungsstatuts gefordert. Keine vier Wochen nach Inkrafttreten des Besatzungsstatuts hatten sich die Alliierten in Geheimverhandlungen mit Bundeskanzler Adenauer zu einer ersten Revision durchgerungen. Es war zweifelsohne ein riesiger persönlicher Erfolg für Adenauers Verhandlungsgeschick.

Die Bundesrepublik gewann mit dem Abkommen erheblich an Souveränität und politischer Selbstständigkeit. Auf dem Gebiet der Dekartellisierung durfte sie die Gesetzgebung wahrnehmen, die Alliierten verzichteten auf verschiedene Reparationszahlungen, die schrittweise Aufnahme von konsularischen und Handelsbeziehungen wurde erlaubt, damit wurde die Mitgliedschaft in internationalen Organisationen ermöglicht.

Mit dem Beitritt der Bundesrepublik Deutschland zur Internationalen Ruhrbehörde, festgelegt im sogenannten Ruhrstatut, kam auch der lang ersehnte Demontagestopp der deutschen Schwerindustrie, was die Entwicklung der deutschen Wirtschaft zukünftig enorm begünstigte. In seiner Regierungserklärung wies Adenauer darauf hin, dass »ein sehr großer Teil« der deutschen Wünsche nun erfüllt worden war.

Das Ruhrstatut im Parlamentarischen Rat

Ein deutscher Beitritt zur Internationalen Ruhrbehörde, juristisch festgelegt im Ruhrstatut, war kein politisches Neuland. Bereits der Hauptausschuss des Parlamentarischen Rates hatte sich am 7. Januar 1949 fast drei Stunden ausschließlich mit dem Ruhrstatut vom 28. Dezember 1948 befasst. Damals lehnten es nur die Kommunisten ab. Die demokratischen Parteien im Parlamentarischen Rat hielten das Ruhrstatut für einen unausweichlichen Bestandteil des zukünftigen Besatzungsrechts und erkannten für die spätere Bundesrepublik Deutschland die Chance, sich aktiv an der wirtschaftlichen Zusammenarbeit mit den europäischen Nachbarstaaten zu beteiligen.

Die Debatte zum Ruhrstatut im Parlamentarischen Rat fand übrigens in jenen Tagen statt, in denen Konrad Adenauer als Präsident des Parlamentarischen Rates mit Mühe ein Misstrauensvotum überstanden hatte. Der Vorwurf der Kollaboration mit den Alliierten stand seitdem im Raum; Adenauer wurde als »Knecht der Alliierten« beschimpft. Dem Kommunisten Reimann wurde vor einem britischen Militärgericht sogar der Prozess gemacht, weil er mit seiner Auslassung die alliierten Besatzungsmächte in Deutschland faktisch mit den

Hitler´schen Truppen in Norwegen verglichen hatte. Für die SPD war Adenauer schon seit der »Frankfurter Affäre« Mitte Dezember 1948 als zukünftiger Bundeskanzler diskreditiert. Sie hatte selbst durch eine Skandalisierung in der Öffentlichkeit dazu maßgeblich beigetragen.

Schumachers Zwischenruf am 24. November 1949

Nun hatte der Bundeskanzler Adenauer seine Gespräche mit den Hohen Kommissaren souveräner und mit größerer Autorität geführt als noch zuvor in seiner Eigenschaft als Präsident des Parlamentarischen Rates.

Das Petersberger Abkommen war ohne die Konsultation des Bundestages abgeschlossen worden. Auch der nichtöffentlich tagende »Auswärtige Ausschuss« war weder informiert noch beteiligt worden, denn zu oft waren aus dem Ausschuss vertrauliche Inhalte an die Presse gelangt. Zum Verhandlungsergebnis gehörte, dass der Wortlaut des Petersberger Abkommens erst am Donnerstag, den 24. November 1949, um 17 Uhr Bonner Ortszeit im Bundestag und gleichzeitig in den westalliierten Hauptstädten Paris, London und Washington veröffentlicht werden sollte.

Nachdem Adenauer das Petersburger Abkommen im Wortlaut vorgelesen, teilweise erläutert und schließlich als großen Erfolg seiner Regierung gepriesen hatte, wurde die Sitzung kurz vor 18 Uhr unterbrochen. Die Fraktionen sollten die Gelegenheit erhalten, sich intern abzustimmen, um dann auf die Regierungserklärung antworten zu können.

Um 20:43 Uhr begann die Aussprache. Redner der SPD warfen Adenauer vor, die Bundesregierung nähme »Zuflucht zum Besatzungsrecht« und behandle »das Besatzungsrecht als eine Art Ermächtigungsgesetz ohne Ermächtigung«. NS-Vergleiche waren damals durchaus an der Tagesordnung. Besonders lebhaft wurde die Debatte, als den Alliierten unterstellt wurde, »ein autoritatives Regime Adenauer eher zu stützen, als es durch ein demokratisches Regime ablösen zu lassen«. Man sah die junge Bundesrepublik statt auf dem Wege zu einer parlamentarischen Demokratie »auf dem Weg zu einer Monarchie ohne Konstitution«. Die Ruhrbehörde selbst bezeichnete ein SPD-Abgeordneter als »ein Institut zur kalten Demontage«.

Justizminister Thomas Dehler stellte das Ruhrstatut in den Kontext des Besatzungsrechts und betonte: »Der Beitritt hat in keiner Weise Vertragscharakter. Es ist vielmehr [...] ein Rechtsgebilde [...] innerhalb einer einseitig durch Besatzungsrecht geschaffenen Regelung.« In diesen Rahmen sollte sich die Bundesregierung selbstverständlich entsprechend einbringen.

Für die CDU/CSU-Fraktion läutete das Petersberger Abkommen »eine neue Epoche der Beziehungen des Deutschen Volkes zur Welt« ein. Auf Zwischenrufe »von Links«, dass es sich bei dem Petersberger Abkommen um ein »Ermächtigungsgesetz« handele, erwiderte Kurt Georg Kiesinger (CDU/CSU), dass es dann nicht diese offene Plenardebatte hätte geben können. Mit Adenauer habe sich »hier in der Tat eine bedeutende politische Persönlichkeit [...] auf deutscher Seite endlich in das weltpolitische Gespräch mit unserer Unterstützung eingeschaltet«.

Im Verlauf der Debatte ergriff Adenauer wieder das Wort und bezichtigte die SPD, sie sei bereit, »die ganze Demontage bis zu Ende gehen zu lassen«. Die SPD-Fraktion empörte sich. Als Adenauer dann auch noch aus einem Telegramm des Deutschen Gewerkschaftsbundes (DGB) zitierte, in dem dieser die deutsche Mitarbeit in der Ruhrbehörde für »richtig« hielt, war die Bestürzung vor allem unter den SPD-Abgeordneten überwältigend, und es entstand erneut eine tumultartige Unruhe im Plenarsaal. Ausgerechnet der DGB, der sich zuvor stets gemeinsam und erkennbar in Absprache mit der SPD-Führung sehr kritisch zum Ruhrstatut positioniert hatte, sollte tatsächlich seine Haltung geändert haben? Oder war das wieder einer der Taschenspielertricks des Bundeskanzlers?

Wiederholt forderte Bundestagspräsident Erich Köhler (CDU/CSU) die Abgeordneten auf, ihre Sitzplätze einzunehmen und Ruhe zu bewahren.

Adenauer erläuterte, dass der Bundestag über die Ruhrbehörde gar nicht zu entscheiden habe, da es diese längst gebe. Hier ginge es nur um eine deutsche Mitarbeit. Wenn die Mehrheit des Bundestages diese Mitarbeit ablehne, »dann weiß sie auf Grund der Erklärungen, die mir der General Robertson abgegeben hat, dass die Demontage bis zum Ende durchgeführt wird«.

Nach diesen Worten entstanden jener Tumult und jene stürmischen Proteste, die den Präsidenten Köhler zwangen, mit der »Glocke des Präsidenten« für Ruhe zu sorgen, und in deren Verlauf Schumacher den Zwischenruf äußerte: »Der Bundeskanzler der Alliierten!«

Köhler rief Schumacher zur Ordnung und forderte den Bundeskanzler auf, mit seiner Rede fortzufahren. Doch der Lärm hatte ein Ausmaß erreicht, das die Fortsetzung der Sitzung undenkbar machte. Ollenhauer rief, dass Adenauer den Oppositionsführer Schumacher »herausgefordert« habe. Nun unterbrach Präsident Köhler die Sitzung am Freitag um 3:21 Uhr und berief den Ältestenrat ein.

Verhandlungen um den Zwischenruf

An der anschließenden Ältestenratssitzung um 3:30 Uhr morgens nahmen auch Bundeskanzler Konrad Adenauer und die CDU-Bundesminister Jakob Kaiser und Gustav Heinemann teil. Die Anwesenheit des Bundeskanzlers in einer Ältestenratssitzung ist ungewöhnlich. Gerade Adenauer legte stets großen Wert auf die Trennung von Legislative und Exekutive. Darüber hinaus war Heinemann kein Mitglied des Deutschen Bundestages. Die auf diese Weise erweiterte Ältestenratssitzung verdeutlichte, wie dramatisch die Situation war.

Gleich zu Beginn der Ältestenratssitzung beantragte der Abgeordnete August Euler (FDP), Schumacher für dreißig Sitzungstage von den Verhandlungen des Bundestages auszuschließen. Uneinig gingen die Abgeordneten des Ältestenrats nach einer Stunde auseinander. Auch in der SPD machten sich inzwischen Niedergeschlagenheit und Empörung über die Unbeherrschtheit Schumachers breit.

Die unterbrochene Plenarsitzung wurde um 6:11 Uhr fortgesetzt. Zuvor hatte die SPD-Fraktion entschieden, an den Plenarberatungen nicht mehr teilzunehmen. Präsident Köhler gab bekannt, dass Schumacher nicht zu bewegen war, die »schwere Beleidigung« zurückzunehmen. Nach einer solchen Entschuldigung im Plenum wäre Adenauer bereit, sich mit Schumacher »zu unterhalten«. Schumacher wurde dann in Abwesenheit »wegen gröblicher Verletzung der Ordnung« für zwanzig Sitzungstage von der Teilnahme an den Verhandlungen des Bundestages ausgeschlossen.

Die SPD-Fraktion dementierte umgehend: Schumacher sei immer zu einer Verständigung mit Adenauer bereit gewesen. Mit der überzogenen Reaktion des Bundestagspräsidenten und der CDU/CSU sei von Anfang an nicht nur eine Diffamierung Schumachers, sondern seiner ganzen Fraktion beabsichtigt gewesen. Der stellvertretende Fraktionsvorsitzende Erich Ollenhauer behauptete sogar wahrheitswidrig, dass Adenauer eine persönliche Aussprache abgelehnt und stattdessen auf einer formellen Entschuldigung im Plenum des Bundestages bestanden habe.

Schumacher selbst erklärte, die Beleidigungen seien »Zug um Zug entstanden«, und er sei nur gewillt, sie auch in dieser Reihenfolge zu erledigen. Nach Schumachers Auffassung sollte sich also Adenauer als Erster für seine verbalen Attacken gegen die SPD entschuldigen, dann würde auch er dies für seinen Zwischenruf tun.

Die Sozialdemokraten hatten sich nach außen hin im Konflikt hinter Schumacher gestellt. Doch im Innern der Fraktion machte sich schon seit einiger Zeit Unzufriedenheit über Schumacher breit. Es gab SPD-Abgeordnete, die sogar bedauerten, dass man Schumacher nicht dauerhaft aus dem Bundestag ausschließen könne.

Während des Wahlkampfes zum 1. Deutschen Bundestag im Sommer 1949 hörte man allenthalben von Vorwürfen an die CDU, Handlanger oder Erfüllungsgehilfen der westlichen Alliierten zu sein. So gesehen war der Zwischenruf von Kurt Schumacher vom November 1949 noch nicht einmal besonders originell. Aber Schumachers Zwischenruf »Der Bundeskanzler der Alliierten« gehörte 1949 zum Repertoire antidemokratischer und kommunistischer Agitation gegen bürgerliche Parteien und die westdeutschen Regierungen in Bund und Land.

Die Beilegung des Konflikts

Um eine Stellungnahme zum »Fall Schumacher« gebeten, erklärte Brian Hubert Robertson am 25. November in einer Pressekonferenz, dass sich die Hohen Kommissare nicht verpflichtet fühlten, »jedes Mal einzugreifen, wenn im Parlament etwas Ungewöhnliches passiert«. Allerdings war Zeitgenossen verborgen geblieben, dass der amerikanische Verbindungsoffizier der Hohen Kommission in Bonn am Nachmittag und Abend des 25. November 1949 zu Einzelgesprächen mit Adenauers außenpolitischem Berater Herbert Blankenhorn sowie mit den Abgeordneten Carlo Schmid, Eugen Gerstenmaier (CDU/CSU), Fritz Schäffer (FDP und Bundesminister) und sogar Kurt Schumacher zusammengekommen war.

Trotz der Turbulenzen hatte sich Adenauer auf einer Pressekonferenz am 25. November 1949 nicht davon abbringen lassen, das Petersberger Abkommen und seine großartige Bedeutung für die Bundesrepublik Deutschland herauszustellen. Für Adenauer wäre der Zwischenfall erledigt gewesen, wenn Schumacher im Plenum des Bundestages eine Erklärung mit folgendem Inhalt abgegeben hätte: Er (Schumacher) habe den Zwischenruf »Der Bundeskanzler der Alliierten« gemacht und habe damit dem Bundeskanzler und der Bundesrepublik Deutschland eine schwere Kränkung zugefügt. Er bedaure diese Kränkung und nehme sie in aller Form zurück.

Doch zu dieser Erklärung ist es nie gekommen. Vielmehr lenkte die SPD-Fraktion von Schumacher ab, wies die Schuld an diesem Eklat nun dem Bundestagspräsidenten Köhler wegen seiner miserablen Sitzungsleitung zu und entzog ihm ihr Vertrauen. Köhler war es nicht gelungen, die Schärfe der Diskussion zu mildern. Durch Überreaktion und unangemessene Sanktionen spitzte sich die Lage ständig zu. Längst bestehende Feindseligkeiten und persönliche Verletzungen zwischen gegnerischen Fraktionen konnte Köhler nicht einschränken.

Der Abgeordnete Zinn (SPD) gab bekannt, dass die SPD-Fraktion gegen den Bundestagspräsidenten eine Feststellungsklage bezüglich des Minderheitenrechts gemäß Artikel 39 des Grundgesetzes und eine weitere gegen den Bundeskanzler aufgrund des Artikels 59 des Grundgesetzes vorbereite, demzufolge außenpolitische Verträge der Zustimmung des Bundestages bedürften.

In der Zwischenzeit hatte sich die SPD auch an die breite Öffentlichkeit gewandt und in den SPD-Hochburgen Solidaritätskundgebungen durchgeführt.

Bereits am Vormittag des 25. November 1949 protestierten die Arbeiterschaften etlicher Betriebe in ganz Westdeutschland gegen den Ausschluss von Schumacher und gegen den Eintritt Deutschlands in die Internationale Ruhrbehörde.

Regierungssprecher Paul Bourdin erklärte am 29. November 1949, dass auch die Alliierten beleidigt worden seien, denn der Zwischenruf insinuiere, dass sich die Alliierten einer »Marionettenregierung« als Instrument ihrer Politik bedienen würden.

Die SPD war weiterhin bemüht, Köhler und Adenauer die Schuld an der Entgleisung Schumachers zu geben, und kritisierte die Höhe des Strafmaßes »als politische Kampfmaßnahme« der CDU.

Am 1. Dezember 1949 nahm der Vorsitzende der CDU/CSU-Fraktion Heinrich von Brentano mit den Berliner SPD-Abgeordneten Otto Suhr und Franz Neumann, einem Schumacher-Vertrauten, Kontakt auf und unterbreitete ihnen, dass der Bundeskanzler zu einer Unterredung mit Schumacher bereit sei. Nach einigem Hin und Her kam Schumacher in Begleitung von Adolf Arndt, dem Europaexperten der SPD.

Zwanzig Minuten dauerte die Unterredung zwischen Adenauer und Schumacher.

Als Ergebnis einigte man sich auf eine gemeinsame Erklärung, die auch erst kurz vor Mitternacht folgenden Wortlaut erhielt:

»In der Sitzung des Bundestages vom 24. zum 25. November 1949 war der Bundeskanzler der Ansicht, dass ohne Eintritt in die Ruhrbehörde ein Demontagestopp nicht zu erreichen sei. Die sozialdemokratische Fraktion war der Ansicht, dass ein Demontagestopp auch ohne bedingungslosen Eintritt in die Ruhrbehörde erreicht werden könne.

Der Bundeskanzler ist überzeugt, dass die sozialdemokratische Fraktion sich bei der Haltung von der Überzeugung hat leiten lassen, auf diese Weise das Beste für das deutsche Volk zu erreichen, und hält Formulierungen, die anders verstanden worden sind, nicht aufrecht.

Dr. Schumacher ist seinerseits der Auffassung, dass der Bundeskanzler überzeugt war, nur durch den Eintritt in die Ruhrbehörde den Demontagestopp erreichen zu können.

Er hält daher den Zwischenruf ›Bundeskanzler der Alliierten‹ nicht aufrecht.«

Wie Adenauer bereits in der CDU-Fraktionssitzung zuvor angekündigt hatte, verzichtete er tatsächlich auf eine Entschuldigung Schumachers. Im Übrigen sollte der Öffentlichkeit nicht mitgeteilt werden, wer von den beiden Kontrahenten den ersten Schritt zur Aussöhnung gemacht hatte.

Schumacher erklärte noch in der Nacht in einer Pressekonferenz, dass die Klagen der SPD gegen die Bundesregierung und den Bundestagspräsidenten aufrechterhalten blieben, und dankte Adenauer für das Versprechen, zukünftig die Opposition über Fragen der Außenpolitik vorab zu unterrichten.

Am 2. Dezember 1949 hatte der Ältestenrat die gemeinsame Erklärung von Adenauer und Schumacher zur Kenntnis genommen, und Schumachers Ausschluss wurde gegenstandslos.

SPD-nahe Historiker bewerten inzwischen den Zwischenruf nur noch als »Fauxpas«. Das war es aber wohl kaum, sonst hätte Schumacher eine Entschuldigung doch leichtfallen müssen. Gerade im Kontext der Ereignisse im Parlamentarischen Rat, wo permanent die Sorge im Raum stand, an einem »alliierten Diktat« zu arbeiten, ist der Ausruf Schumachers keineswegs nur ein Fauxpas. Diese Verharmlosung steht im Kontext von Bemühungen zur Neubewertung der Anfangsjahre der Bundesrepublik Deutschland, die im kollektiven Gedächtnis bislang positiv mit »Adenauer-Ära« umschrieben werden.

Zweifelsohne hatten auch schon die zeitgenössischen Medien lieber über die handfesten Auseinandersetzungen berichtet, als Adenauers Verdienste um den Stopp der alliierten Besatzungs- und Demontagepolitik zu würdigen und Deutschlands Weg in die westeuropäische Integration zu feiern. Hingegen hatte sich aber die internationale Presse durchweg positiv zum Abkommen geäußert und die Bemühungen Adenauers als »eine staatsmännische Leistung« gewürdigt.

Schumacher hat die Affäre ganz offenbar genutzt. Er war vorher in der eigenen Fraktion seit Wochen in höchstem Maße umstritten gewesen. Es gab Überlegungen, ihn als Fraktionsvorsitzenden abzulösen. Mit dem Sitzungsausschluss durch Bundestagspräsident Erich Köhler stand die SPD-Fraktion wieder geschlossen hinter ihrem Vorsitzenden.

Dank Adenauers Verzicht auf eine Entschuldigung kam Schumacher aus der Affäre heraus, was der zeitgenössischen Presse wohl entgangen war. Sie feierte Schumacher als Sieger, obwohl er für seine Politik und seinen Politikstil auch schon vor seinem Zwischenruf immer weniger Anhänger in der SPD fand.

Die Beschreibung des Verhältnisses von Adenauer und Schumacher wird nicht selten auf den Zwischenruf »Der Bundeskanzler der Alliierten!« reduziert. Aber dahinter steckt vielmehr eine tiefe ideologische Gegnerschaft dieser beiden Politiker.

Adenauer war im Parlamentarischen Rat im Winter 1948/49 öffentlich beschuldigt worden, die alliierten Siegermächte für die verfassungspolitischen Ziele der CDU/CSU zu instrumentalisieren. Im Bundestagswahlkampf 1949 hatte Adenauer im Gegenzug die Kollaboration zwischen dem britischen General Robertson und der SPD in der Frankfurter »Schubladenaffäre« am 14. April 1949 thematisiert. Zu Unrecht – so Adenauers Vorwurf – habe sich die SPD als Retter Deutschlands geriert im Ringen um das Grundgesetz.

Vor diesem Hintergrund hatte für die SPD ihr Fraktionsvorsitzender Kurt Schumacher den Ball zurückgespielt. Der Ausschluss Schumachers für zwanzig Sitzungstage war sicherlich unverhältnismäßig. Dadurch erhielt der Zwischenruf eine zusätzliche ungeahnte Aufmerksamkeit. Doch die mit dem Zwischenruf provozierte grundsätzliche Frage über ein Zusammenwirken deutscher Dienststellen mit den westalliierten Besatzungsmächten war fortan aus der zeitgenössischen tagespolitischen Diskussion verschwunden.

Nachwort

Adenauer …

Adenauer hat als Präsident des Parlamentarischen Rates mit großem politischen Instinkt die Geschicke des Parlamentarischen Rates geleitet und trotz mancher Hürden die Arbeit am Grundgesetz erfolgreich zum Abschluss führen können. Hierfür war bei aller eigenen Überzeugung sein großer Pragmatismus ausschlaggebend. Für diesen Pragmatismus steht seine Äußerung am Rande einer Plenarsitzung des Parlamentarischen Rates, als während der letzten Lesung des Grundgesetzes die Verhandlungen zäh verliefen: »Wir beschließen das Grundgesetz und nicht die Zehn Gebote!«

Macht wird nicht verwaltet, Macht wird ausgeübt. Und so hat Adenauer sich nie auf die Rolle des Parlamentspräsidenten beschränkt. Anders als die SPD glaubte, war das Amt des Präsidenten im Parlamentarischen Rat kein »Ehrenamt«, wenigstens nicht so, wie Adenauer dieses Amt mit seiner Persönlichkeit ausfüllte. Seine Aufgabe sah er darin, das zukünftige Westdeutschland international zu positionieren.

Von den zwölf Plenarsitzungen des Parlamentarischen Rates hat Adenauer nur acht selbst geleitet. Stattdessen nahm er lieber an europapolitischen Zusammenkünften vor allem in der Schweiz teil, wo er unter anderem auch den französischen Außenminister Robert Schuman persönlich kennen- und schätzen lernte. Adenauer suchte den Zugang zu den Alliierten und den europäischen Nachbarn. So wurde er »auf ganz natürliche Weise der Sprecher der werdenden Bundesrepublik gegenüber den westlichen Mächten«, wie Theodor Heuss es in der Rückschau Mitte der 1950er Jahre ausdrückte. Staatsmännische Qualität hatte Lucius D. Clay dem Bundeskanzler Adenauer schon 1950 öffentlich zugesprochen. 1969 fiel es dann auch

Carlo Schmid – inzwischen altersmilde geworden – nicht schwer, anerkennend festzustellen, Adenauer sei der erste Mann des zu schaffenden Staates gewesen, noch bevor es diesen Staat gab.

In der Krise nach der Ablehnung des Grundgesetzentwurfes am 25. März 1949 übernahm Adenauer stillschweigend und unbemerkt von der Öffentlichkeit zentrale Aufgaben eines CDU/CSU-Fraktionsvorsitzenden. Amtsinhaber Anton Pfeiffer, selbst Mitglied der CSU, hatte sich gegen den Kompromiss des Fünfer- sowie Siebenerausschusses gestellt und damit als Fraktionsvorsitzender ins Aus gestellt.

Adenauers Gegenspieler im Parlamentarischen Rat war Carlo Schmid. Dessen Glück bestand darin, dass der Parteivorsitzende Kurt Schumacher in Hannover residierte und von der Krankheit infolge seiner Inhaftierung während der nationalsozialistischen Zeit noch nicht ganz genesen war.

Schmid war für die SPD in Bonn der erste Mann, aber nach Adenauer immer der zweite Mann. Das war seine persönliche Tragik. Bei den Gesprächen mit den Ministerpräsidenten oder den Alliierten ergriff naturgemäß der Präsident immer das erste Wort. Die ursprüngliche Hoffnung Schmids, im Hauptausschuss politisch gestalten zu können, erfüllte sich nicht. Langwierig und langweilig waren die dortigen geschäftsordnungsmäßig durchzuführenden Abstimmungsprozeduren, wo selten Argumente ausgetauscht wurden, die nicht schon vorher in den Fachausschüssen verbalisiert worden waren. Selbst wenn schließlich ein umstrittener Grundgesetzentwurf des Hauptausschusses vorlag, musste dieser anschließend doch noch interfraktionell neu formuliert und politisch entschieden werden.

Schmids Einfluss war nie größer als im Parlamentarischen Rat. Selbst im Deutschen Bundestag wurde Schmid nur Vizepräsident. Hier konnte er immerhin mit seiner humorvollen Verhandlungsführung brillieren, vor allem, nachdem Bundestagspräsident Erich Köhler aus Krankheitsgründen ausfiel. Für seine »vorbildliche Sachlichkeit und Objektivität«, mit der er

»die Geschicke« des Bundestages geleitet habe, würdigte der CDU/CSU-Fraktionsvorsitzende Heinrich von Brentano Vizepräsident Schmid öffentlich, als Hermann Ehlers am 19. Oktober 1950 zum neuen Bundestagspräsidenten gewählt worden war.

Ob der Schriftsteller Wolfgang Koeppen für seinen Schlüsselroman »Das Treibhaus« tatsächlich Carlo Schmid als Prototyp für seinen tragisch gescheiterten Helden genommen hat – darüber darf weiter gerätselt werden.

»Man hat mich vor Ihnen gewarnt«, sagte Schmid bei seiner ersten Begegnung mit Adenauer im August/September 1948. Bei genauerer Betrachtung war das ein Offenbarungseid. Schmid manövrierte sich gegenüber Adenauer von selbst in eine Verteidigungsposition.

Ein Fehler Schmids war es, an seiner Idee eines Organisationsstatuts festzuhalten. Und obgleich er sich als Vorsitzender des Hauptausschusses aktiv an der Ausarbeitung eines Grundgesetzes beteiligte, legte er für die SPD-Fraktion noch Ende April 1949 seinen »verkürzten« Grundgesetzentwurf vor. Solche Machtproben vermied Adenauer stets und geißelte sie dann auch bei Schmid als verantwortungslos.

Henry Kissinger erkannte im Jahre 2022 in Adenauers »Staatskunst« eine »Strategie der Demut«. Demut ist eine Tugend und bezieht sich nicht nur auf sich selbst im Sinne eines Sich-Kleinmachens, sondern impliziert zugleich die besondere Wertschätzung des Gegenübers.

Adenauers »Strategie der Demut« ist in seiner Verhandlungstaktik gegenüber den Alliierten zu erkennen und vielleicht auch ein wenig bei der Beilegung der Auseinandersetzung mit Schumacher um dessen Zwischenruf »Der Bundeskanzler der Alliierten«. Mit dem Verzicht auf eine Entschuldigung Schumachers wertschätzte Adenauer zugleich den Vorsitzenden der größten Oppositionsfraktion im Bundestag. Auch ohne öffentliche Genugtuung zu erfahren, hatte Adenauer Schumacher diszipliniert. Selbstverständlich ist auch solch ein Nachgeben politisches Kalkül bei Adenauer, der später nicht davor zurückschreckte, den parteipolitischen Gegner auszuspionieren, oder es zuließ, diesen diffamieren zu lassen.

Bemerkenswerterweise hat auch die eigene Partei Adenauer unterschätzt. Sie war überzeugt, dass sie dem »Elder Statesman« aus der Weimarer Zeit mit dem Amt des Parlamentspräsidenten 1948 einen ehrenvollen Abschied aus dem aktiven politischen Leben verschaffen würde. Stattdessen hatte sich der ehemalige Kommunalpolitiker mit seinen 73 Jahren für das Amt des Regierungschefs einer – wenn auch geteilten – Nation profiliert.

… die Alliierten …

Mit Sicherheit hätte ohne jegliche Einflussnahme der alliierten Besatzungsmächte das Grundgesetz für die Bundesrepublik Deutschland anders ausgesehen; in welchem Maße, ist jedoch fraglich. Vermutlich hätte sich die SPD mit ihrem unitaristisch-zentralistischen Bundesstaat stärker durchgesetzt, denn auch dafür gab es bei einigen Mitgliedern der CDU-Fraktion Unterstützung.

Doch die Alliierten hatten als »Auftraggeber« des Grundgesetzes ein natürliches Interesse an der Arbeit des Parlamentarischen Rates und seinen Ergebnissen. Ihre inhaltliche Einflussnahme war im Wesentlichen auf ihr Drängen zur Einhaltung der Beschlüsse der Londoner Außenministerkonferenz vom Sommer 1948 beschränkt.

Aber schon bei der Auslegung und Umsetzung dieser Beschlüsse waren sich Amerikaner, Briten und Franzosen nicht einig. Einerseits versuchten die Alliierten ihre Uneinigkeit nach außen hin zu verbergen; andererseits hatte das verheerende Folgen für die selbstbewussten Mitglieder des Parlamentarischen Rates. Diese lavierten zwischen dem Wunsch nach frühzeitigen klareren Antworten – etwa beim Besatzungsstatut –

und ihrem Selbstverständnis als unabhängige Parlamentarier. Während die bayerische CSU für ihre föderalistischen Interessen die Unterstützung nicht nur bei den Franzosen suchte, bemühte sich die SPD mit ihrem unitaristischen Konzept um den Schulterschluss mit den Briten, wo gleich nach Kriegsende die Labour Party an der Regierung war. Parlamentspräsident Adenauer aber war daran gelegen, in den verschiedenen Begegnungen allen drei Besatzungsmächten den Bonner Grundgesetzentwurf gleichermaßen schmackhaft zu machen.

Unklar blieb bei den Deutschen, wie die Zustimmung zum Grundgesetz erfolgen sollte. Die Militärgouverneure drohten noch im März 1949 damit, ihre Regierungen einzubinden, wenn sie erkennen würden, dass die Londoner Beschlüsse nicht eingehalten werden würden. Damit hatten sie sich augenscheinlich aus der Verantwortung gestohlen. Dass dies reines Kalkül war, musste allen Beteiligten spätestens klar geworden sein, als Deutsche und Militärgouverneure noch im April verhandelten, obwohl der »Freibrief« für den Parlamentarischen Rat bereits am 7. April 1949 von den alliierten Außenministern formuliert worden war, jedoch erst am 22. April 1949 von den Militärgouverneuren öffentlich gemacht wurde.

Die Militärgouverneure spielten ihr eigenes Spiel. Sie mussten über das Grundgesetz entscheiden, und sie hatten entschieden – freilich erst Ende April 1949, zu einem Zeitpunkt, als der Parlamentarische Rat von einer Krise in die nächste Krise stolperte und die SPD für die Zeitgenossen augenscheinlich beinahe die gesamte Verfassungsarbeit zum Scheitern gebracht hätte.

Die von den Alliierten eingeforderten Punkte, insbesondere zur Finanzverfassung und auch zum Mitspracherecht der Länder, waren bedeutsam. Es waren jedoch keine weltfremden Ansprüche, die die Alliierten an den Parlamentarischen Rat richteten, sondern Forderungen, die auch im Parlamentarischen Rat durchaus eine große Anhängerschaft hatten.

Bei den Deutschen brachte man die größten Sympathien den Amerikanern entgegen, die nicht nur Jazz und Coca-Cola nach Deutschland brachten. Der unermüdliche Einsatz von Lucius D. Clay für die von der Sowjetunion eingekesselten drei Westsektoren der Stadt Berlin trug maßgeblich dazu bei. Als Verhandlungsführer war Clay darüber hinaus geschickt und dazu noch humorvoll.

… und das Grundgesetz

Eines der großen strittigen Themen zwischen CDU/CSU und SPD war die Frage, ob es statt eines Grundgesetzes doch eher ein Organisationsstatut hätte geben sollen. Bis Ende April hielt Carlo Schmid seine Idee eines Organisationsstatuts oder auch »verkürzten Grundgesetzes« aufrecht. Doch dieses Mindestmaß an Verfassungsstaatlichkeit reichte den meisten nicht aus. Theodor Heuss hatte sich für die FDP von Anfang gegen ein »Provisorium« ausgesprochen. Auch Adenauer formulierte schon kurz nach der Verabschiedung des Grundgesetzes, dass dieses »unter Umständen sehr lange in Geltung« bleiben könnte.

Es war dennoch ein Verfassungswerk mit einem Verfallsdatum. Im Augenblick einer deutschen Einigung sollte sich das deutsche Volk eine neue Verfassung geben. Entgegen dieser Bestimmung blieb das Grundgesetz über die Wiedervereinigung 1990 hinaus bis heute bestehen. Auch das ist ein Indiz dafür, dass sich alliierte Einflüsse stets innerhalb der deutschen Verfassungstradition bewegten und mit dem Grundgesetz eine solide Grundlage für ein demokratisches und geeinigtes Deutschland in der Europäischen Union geschaffen worden war.

Dennoch wird bis heute in weiten Teilen der Bevölkerung, nicht nur, wenn sie in der DDR aufgewachsen ist, stets großes Bedauern zum Ausdruck gebracht, dass die 1949 mit Artikel 146 zugesagte Schöpfung einer neuen Verfassung im Falle einer Wiedervereinigung nicht eingelöst wurde.

Das Besatzungsstatut wurde nach dem Petersberger Abkommen vom November 1949 vor allem im Jahre 1951 einer umfassenden Revision unterzogen. Erst am 28. September 1954 einigten sich die Alliierten auf der Neunmächtekonferenz in London über die Beendigung der Besatzungsherrschaft in Deutschland. Die letzten alliierten Vorbehaltsrechte verloren völkerrechtlich ihre Wirkung mit dem Zwei-plus-Vier-Vertrag vom 12. September 1990 im Kontext der Deutschen Wiedervereinigung 1990.

Die Jubiläumsfeierlichkeiten zum 50-jährigen Bestehen des Grundgesetzes 1999 standen unter dem Motto »In guter Verfassung«. Diese Bewertung, auch im Vergleich zur Weimarer Verfassung von 1919, darf nicht darüber hinwegtäuschen, dass im Zusammenhang mit den durchaus verfassungsrechtlich legitimen Forderungen nach einer Ablösung des Grundgesetzes zugunsten einer neuen deutschen Verfassung nicht selten die gesamte Verfassungsarbeit des Parlamentarischen Rates und das Zusammenwirken mit den westalliierten Besatzungsmächten in Misskredit gebracht wurden.

Im Mittelpunkt steht hier Konrad Adenauer, dessen erfolgreiches Wirken in der Vor- und Frühgeschichte der Bundesrepublik Deutschland einer Neubewertung ausgesetzt ist, die ideologisch motiviert ist. Dagegen hilft ein genauer Blick in die Geschichte.

Literatur

Adenauer, Konrad, Erinnerungen 1945–1953, Stuttgart 1965.

Adenauer. Briefe 1947–1949, bearb. von Hans Peter Mensing, Adenauer Rhöndorfer Ausgabe. Stiftung Bundeskanzler-Adenauer-Haus, hrsg. von Rudolf Morsey und Hans-Peter Schwarz, Berlin 1984.

Akten zur Vorgeschichte der Bundesrepublik Deutschland 1945–1949, hrsg. von Bundesarchiv und Institut für Zeitgeschichte, 5 Bde. München 1976–1983.

Antoni, Michael G. M., Sozialdemokratie und Grundgesetz, 2 Bde., Berlin 1991–1992.

Backer, John H., Die deutschen Jahre des Generals Clay. Der Weg zur Bundesrepublik 1945–1949, München 1983.

Bauer-Kirsch, Angela, Herrenchiemsee. Der Verfassungskonvent von Herrenchiemsee – Wegbereiter des Parlamentarischen Rates, Diss. Bonn 2005.

- Zur Legitimation des Bonner Grundgesetzes. Das Selbstverständnis des Parlamentarischen Rates wider die Kritik, in: Zeitschrift für Politik N.F. 49 (2002), S. 171–197.

- Wer formuliert, hat die Macht. Zu Außenwahrnehmung und Selbstverständnis des Verfassungskonvents von Herrenchiemsee, in: Nomos und Ethos. Hommage an Josef Isensee zum 65. Geburtstag von seinen Schülern, Berlin 2002, S. 229–256.

Becker, Winfried, Um Verfassungstheorie, Föderalismus und Parteipolitik. Zwei Kontroversen im Parlamentarischen Rat, in: Staat und Parteien. Festschrift für Rudolf Morsey zum 65. Geburtstag, hrsg. von Karl Dietrich Bracher, Paul Mikat, Konrad Repgen, Martin Schumacher und Hans-Peter Schwarz, Berlin 1992, S. 841–859.

Benz, Wolfgang (Hrsg.), »Bewegt von der Hoffnung aller Deutschen«. Zur Geschichte des Grundgesetzes. Entwürfe und Diskussionen 1941–1949, München 1979.

- Von der Besatzungsherrschaft zur Bundesrepublik. Stationen einer Staatsgründung, 1946–1949, Frankfurt am Main 1984.

- Die Gründung der Bundesrepublik. Von der Bizone zum souveränen Staat, München 1984.

Birke, Adolf M., Großbritannien und der Parlamentarische Rat, in: Vierteljahrshefte für Zeitgeschichte 42 (1994), S. 313–359.

- Die Bundesrepublik Deutschland. Verfassung, Parlament und Parteien, München 1997.

Blank, Bettina, Die westdeutschen Länder und die Entstehung der Bundesrepublik. Zur Auseinandersetzung um die Frankfurter Dokumente vom Juli 1948, München 1995.

Blankenhorn, Herbert, Verständnis und Verständigung. Blätter eines politischen Tagebuchs 1949 bis 1979, Frankfurt am Main, Berlin, Wien 1980.

Blum, Dieter Johannes, Das passive Wahlrecht der Angehörigen des öffentlichen Dienstes in Deutschland nach 1945 im Widerstreit britisch-amerikanischer und deutscher Interessen, Göppingen 1972.

Boldt, Hans, Die Verfassung der Westzone. Die »konstitutionelle« Frage 1948/49, in: Deutschland 1949–1989. Von der Zweistaatlichkeit zur Einheit, hrsg. von Jürgen Elvert, Stuttgart (2003), S. 56–65.

- Die Wiederaufnahme der deutschen föderativen Tradition im Parlamentarischen Rat 1948/49, in: Zeitschrift für Staats- und Europawissenschaften 1 (2003), S. 505–526.

Bommarius, Christian, Das Grundgesetz. Eine Biographie, Berlin 2009.

Buchholz, Erich, 1949. Hier eine Verfassung, dort nur ein Grundgesetz, Berlin 2009.

Buchstab, Günter (Hrsg.), In Verantwortung vor Gott und den Menschen. Christliche Demokraten im Parlamentarischen Rat 1948/49, im Auftrag der Konrad-Adenauer-Stiftung e.V., Freiburg 2008.

Clay, Lucius D., Entscheidung in Deutschland, Frankfurt am Main 1950.

Documents on the creation of the German Federal Constitution. Prepared by Civil Administration Division, Office of Military Government for Germany (US), Berlin 1949.

Doemming, Klaus-Berto von, Rudolf Werner Füsslein und Werner Matz, Entstehungsgeschichte der Artikel des Grundgesetzes, in:

Jahrbuch des öffentlichen Rechts der Gegenwart, Neue Folge, 1 (1951).
Dörr, Nikolas, Die Sozialdemokratische Partei Deutschlands im Parlamentarischen Rat 1948/1949. Eine Betrachtung der SPD in den Grundgesetzberatungen vor dem Hintergrund der ersten Bundestagswahl 1949, Berlin 2007.

Feldkamp, Michael F., Der Parlamentarische Rat 1948–1949. Die Entstehung des Grundgesetzes, Göttingen 1998; Neuausgabe mit einem Geleitwort von Norbert Lammert, Göttingen 2008; Neuausgabe mit einem Geleitwort von Wolfgang Schäuble, Göttingen 2018.
- Die Entstehung des Grundgesetzes für die Bundesrepublik Deutschland 1949. Eine Dokumentation, Stuttgart 1999.
- Einleitung, in: Streiten um das Staatsfragment. Theodor Heuss und Thomas Dehler berichten von der Entstehung des Grundgesetzes, hrsg. von Thomas Hertfelder und Jürgen C. Hess, bearb. von Patrick Ostermann und Michael F. Feldkamp, Stuttgart 1999, S. 13–42.
- Zur Finanzierung des Parlamentarischen Rates 1948/1949, in: Archiv und Geschichte. Festschrift für Friedrich P. Kahlenberg, hrsg. von Klaus Oldenhage, Hermann Schreyer und Wolfram Werner, Düsseldorf 2000, S. 767–801.
- Anmerkungen zu Urschrift und Faksimileausgaben des Grundgesetzes für die Bundesrepublik Deutschland vom 23. Mai 1949, in: Zeitschrift für Parlamentsfragen 35 (2004), S. 199–219.
- Der Parlamentarische Rat und das Grundgesetz für die Bundesrepublik Deutschland 1948 bis 1949. Option für die Europäische Integration und die Deutsche Einheit, hrsg. von der Konrad-Adenauer-Stiftung, Berlin 2008.
- Der Zwischenruf »Der Bundeskanzler der Alliierten!« und die parlamentarische Beilegung des Konfliktes zwischen Konrad Adenauer und Kurt Schumacher im Herbst 1949, in: Von Freiheit, Solidarität und Subsidiarität – Staat und Gesellschaft der Moderne in Theorie und Praxis. Festschrift für Karsten Ruppert zum 65. Geburtstag, hrsg. von Markus Raasch und Tobias Hirschmüller, Berlin 2013, S. 665–708.
- Erich Köhler – Bundestagspräsident von 1949 bis 1950, in: Michael F. Feldkamp (Hrsg.), Der Bundestagspräsident. Amt. Funktion Person, Reinbek/München 2018, S. 91-97.

Foreign Relations of the United States. Diplomatic Papers: 1948, Vol. II: Germany and Austria, Washington 1973; 1949, Vol. III: Council of Foreign Ministers. Germany and Austria, Washington 1974.

Gelberg, Karl Ulrich, Hans Ehard. Die föderalistische Politik des bayerischen Ministerpräsidenten 1946–1954, Düsseldorf 1992.

Gimbel, John, Amerikanische Besatzungspolitik in Deutschland 1945–1949, Frankfurt am Main 1971.

Golay, John Ford, The Founding of the Federal Republic of Germany, Chicago 1958.

Grabbe, Hans-Jürgen, Die deutsch-alliierte Kontroverse um den Grundgesetzentwurf im Frühjahr 1949, in: Vierteljahrshefte für Zeitgeschichte 26 (1978), S. 393–418.

Hahn, Erich J. C., U.S. Policy on a West German Constitution 1947–1949, in: American policy and the Reconstruction of West Germany 1945–1955, hrsg. von Jeffry M. Diefendorf, Axel Frohn und Hermann-Josef Rupieper, Cambridge 1993, S. 21–44.

- The Occupying Powers and the Constitutional Reconstruction of West Germany, 1945–1949, in: Cornerstone of Democracy. The West German Grundgesetz 1949–1989, German Historical Institute Washington, Washington 1995, S. 7–35.

Henke, Klaus-Dieter, Politik der Widersprüche. Zur Charakteristik der französischen Militärregierung in Deutschland nach dem Zweiten Weltkrieg, in: Die Deutschlandpolitik Frankreichs und die französische Zone 1945–1949, hrsg. von Claus Scharf und Hans-Jürgen Schröder, Wiesbaden 1983, S. 49–89.

Hertfelder, Thomas und Jürgen C. Hess (Hrsg.), Streiten um das Staatsfragment. Theodor Heuss und Thomas Dehler berichten von der Entstehung des Grundgesetzes. Mit einer Einleitung von Michael F. Feldkamp, bearb. von Patrick Ostermann und Michael F. Feldkamp, Stuttgart 1999.

Hillgruber, Christian (Hrsg.), 60 Jahre Bonner Grundgesetz – Eine geglückte Verfassung? Bonn 2010.

Hirscher, Gerhard, Carlo Schmid und die Gründung der Bundesrepublik. Eine politische Biographie, Bochum 1986.

Hufen, Friedhelm, Sozialdemokratische Verfassungspolitik und die Entstehung des Bonner Grundgesetzes. Eine biographietheoretische Untersuchung zur Bedeutung Walter Menzels, Bochum 1989.

- und Andreas Ziegler, Vor 60 Jahren. Der Beitrag der Koblenzer Rittersturzkonferenz zum Entstehen des Grundgesetzes, in: Zeitschrift für Landes- und Kommunalrecht Hessen, Rheinland-Pfalz, Saarland 3 (2009), S. 41–47.

Kaff, Brigitte (Bearb.), Die Unionsparteien 1946–1950. Protokolle der Arbeitsgemeinschaft der CDU/CSU Deutschlands und der Konferenz der Landesvorsitzenden, Düsseldorf 1989.

Kessel, Martina, Westeuropa und die deutsche Teilung. Englische und französische Deutschlandpolitik auf den Außenministerkonferenzen von 1945 bis 1947, München 1989.

Kleßmann, Christoph, Die doppelte Staatsgründung. Deutsche Geschichte 1945–1955, Göttingen (5. Auflage) 1991.

Klocksin, Jens Ulrich, Kommunisten im Parlament. Die KPD in Regierungen und Parlamenten der westdeutschen Besatzungszonen und der Bundesrepublik Deutschland (1945-1956), Bonn (2. Auflage) 1994.

Kock, Peter Jakob, Bayerns Weg in die Bundesrepublik, Stuttgart 1983.

Krieger, Wolfgang, Was General Clay a Revisionist? Strategic Aspects of the United States Occupation of Germany, in: Journal of Contemporary History 18 (1983), S. 165–184.

- General Lucius D. Clay und die amerikanische Deutschlandpolitik 1945–1949, Stuttgart 1988.

Kurtenacker, Sabine, Der Einfluss politischer Erfahrungen auf den Verfassungskonvent von Herrenchiemsee. Entwicklung und Bedeutung der Staats- und Verfassungsvorstellungen von Carlo Schmid, Hermann Brill, Anton Pfeiffer und Adolf Süsterhenn, München [2017].

Lange, Erhard H. M., Der Parlamentarische Rat und die Entstehung des ersten Bundeswahlgesetzes, in: Vierteljahrshefte für Zeitgeschichte 20 (1972), S. 280–318.

- Die Entstehung des Grundgesetzes und die Öffentlichkeit, in: Zeitschrift für Parlamentsfragen 10 (1979), S. 378–404.

- Die Würde des Menschen ist unantastbar. Der Parlamentarische Rat und das Grundgesetz. Mit einem Geleitwort von Rita Süssmuth, Heidelberg 1993.

- Wegbereiter der Bundesrepublik. Die Abgeordneten des Parlamentarischen Rates. Neunzehn historische Biografien, mit einer aktualisierten Bibliografie zum Parlamentarischen Rat und zur Entstehung des Grundgesetzes, Brühl 1999.

Leusser, Claus, Ministerpräsidentenkonferenzen seit 1945, in: Festschrift zum 70. Geburtstag für Dr. Hans Ehard, hrsg. von Hanns Seidel, München 1957, S. 60–84.

Lindenblatt, Thomas Sven, Der Einfluss amerikanischen Verfassungsdenkens auf die Verfassungsentwicklung in Deutschland, Speyer 2014.

Loth, Wilfried, Die Franzosen und die deutsche Frage 1945–1949, in: Die Deutschlandpolitik Frankreichs und die französische Zone 1945–1949, hrsg. von Claus Scharf und Hans-Jürgen Schröder, Wiesbaden 1983, S. 27–48.

Maier, David Aaron, Managing the West Germans. The occupation statute of 1949 from gestation to burial, 1945–1955, Ann Arbor/Michigan 1990.

Marienfeld, Wolfgang, Konferenzen über Deutschland. Die alliierte Deutschlandplanung und -politik 1941–1949, Hannover 1963.

Morsey, Rudolf, Die Rolle Konrad Adenauers im Parlamentarischen Rat, in: Vierteljahrshefte für Zeitgeschichte 18 (1970), S. 62–94.

- Der politische Aufstieg Konrad Adenauers 1945–1949, in: Rudolf Morsey und Konrad Repgen (Hrsg.), Adenauerstudien, Bd. 1, Mainz 1971, S. 20–57.
- Entscheidung für den Westen. Die Rolle der Ministerpräsidenten in den drei Westzonen im Vorfeld der Bundesrepublik Deutschland 1947–1949, in: Westfälische Forschungen 26 (1974), S. 1–24.
- Die letzte Krise im Parlamentarischen Rat und ihre Bewältigung (März/April 1949), in: Staat, Kirche und Wissenschaft in einer pluralistischen Gesellschaft. Festschrift zum 65. Geburtstag von Paul Mikat, hrsg. von Dieter Schwab u. a., Berlin 1989, S. 393–410.
- Verfassungsschöpfung unter Besatzungsherrschaft: Die Entstehung des Grundgesetzes im Parlamentarischen Rat, in: Die Öffentliche Verwaltung 42 (1989), S. 471–482.

Niclauß, Karlheinz, Der Weg zum Grundgesetz. Demokratiegründung in Westdeutschland. Die Entstehung der Bundesrepublik 1945–1949, Paderborn 1998.

- Parlament und Zweite Kammer in der westdeutschen Verfassungsdiskussion von 1946 bis zum Parlamentarischen Rat, in: Zeitschrift für Parlamentsfragen 39 (2008), S. 595–611.

Notz, Gisela und Christl Wickert, Die geglückte Verfassung. Sozialdemokratische Handschrift des Grundgesetzes. Hrsg. von der SPD-Bundestagsfraktion, Berlin 2009.

Otto, Volker, Das Staatsverständnis des Parlamentarischen Rates, Düsseldorf 1971.

Parlamentarischer Rat. Schriftlicher Bericht zum Entwurf des Grundgesetzes für die Bundesrepublik Deutschland, [Bonn 1950].

Der Parlamentarische Rat 1948–1949. Akten und Protokolle, hrsg. vom Deutschen Bundestag und vom Bundesarchiv. 14 Bde., Boppard bzw. München 1975–2009.

Pfetsch, Frank R. (Hrsg.), Verfassungsreden und Verfassungsentwürfe. Landesverfassungen, Frankfurt am Main 1986.

- unter Mitarbeit von Werner Breuning und Wolfgang Kringe, Ursprünge der Zweiten Republik. Prozesse der Verfassungsgebung in den Westzonen und in der Bundesrepublik, Opladen 1990.

Pommerin, Reiner, Die Mitglieder des Parlamentarischen Rates. Porträtskizzen des britischen Verbindungsoffiziers Chaput de Saintonge, in: Vierteljahrshefte für Zeitgeschichte 36 (1988), S. 557–588.

- Von Berlin nach Bonn. Die Alliierten, die Deutschen und die Hauptstadtfrage nach 1945, Köln 1989.

Potthoff, Heinrich (in Zusammenarbeit mit Rüdiger Wenzel), Handbuch politischer Institutionen und Organisationen 1945–1949, Düsseldorf 1983.

Pridham, Geoffrey, Christian Democracy in Western Germany. The CDU/CSU in Government and Opposition 1945–1976, London 1977.

Reimann, Max, Entscheidungen 1945–1956, Frankfurt am Main 1973.

Renzsch, Wolfgang, Finanzverfassung und Finanzausgleich. Die Auseinandersetzung um ihre politische Gestaltung in der Bundesrepublik Deutschland zwischen Währungsreform und deutscher Vereinigung (1948 bis 1990), Bonn 1991.
Reusch, Ulrich, Sir Brian Robertson (1896–1974), in: Geschichte im Westen 5 (1990), S. 69–80.
Reuter, Christiane, »Graue Eminenz der bayerischen Politik«. Eine politische Biographie Anton Pfeiffers (1888–1957), München 1987.
Ruhm von Oppen, Beate (Hrsg.), Documents on Germany under Occupation 1945–1954, London 1955.

Salzmann, Rainer (Bearb.), Die CDU/CSU im Parlamentarischen Rat. Sitzungsprotokolle der Unionsfraktion, Stuttgart 1981.
Schmid, Carlo, Erinnerungen, Bern 1979.
Schockenhoff, Volker, Wirtschaftsverfassung und Grundgesetz. Die Auseinandersetzungen in den Verfassungsberatungen 1945–1949, Frankfurt am Main 1986.
Schulz, Jürgen Michael, »Bonn braucht sein Licht nicht unter den Scheffel zu stellen«. Fritz Eberhards Arbeit im Parlamentarischen Rat, in: Bernd Sösemann (Hrsg.), Fritz Eberhard. Rückblicke auf Biographie und Werk, Stuttgart 2001, S. 213–237.
Schwarz, Hans-Peter, Vom Reich zur Bundesrepublik, Neuwied 1966.
- Adenauer. Der Aufstieg: 1876–1952, Stuttgart, 3. Auflage 1986.
Seydoux, François, Beiderseits des Rheins. Erinnerungen eines französischen Diplomaten, Frankfurt am Main 1975.
Simons, Hans, The Bonn Constitution and its Government, in: Hans J. Morgenthau (Hrsg.), Germany and the Future of Europe, Chicago 1951, S. 114–130.
Smith, Jean Edward, The papers of General Lucius D. Clay. Germany 1945–1949, 2 Bde., Bloomington-London 1974.
- Lucius D. Clay. An American life, New York 1990.
Sörgel, Werner, Konsensus und Interessen. Eine Studie zur Entstehung des Grundgesetzes für die Bundesrepublik Deutschland, Stuttgart 1969.
Spevack, Edmund, Amerikanische Einflüsse auf das Grundgesetz. Die Mitglieder des Parlamentarischen Rates und ihre Beziehungen zu den USA, in: Heinz Bude (Hrsg.), Westbindungen, Hamburg 1999, S. 55–71.

- Allied Control and German Freedom. American Political and Ideological Influences on the Framing of the West German Basic Law (Grundgesetz), Münster 2001.

Spieker, Frank, Hermann Höpker Aschoff – Vater der Finanzverfassung, Berlin 2004.

Strauß, Walter, Aus der Entstehungsgeschichte des Grundgesetzes, in: Neue Perspektiven aus Wirtschaft und Recht. Festschrift für Hans Schäffer, Berlin 1966, S. 343–365.

Treml, Manfred, Der Herrenchiemseer Verfassungskonvent vom August 1948 – Die Wiege des Grundgesetzes, in: Einsichten und Perspektiven. Bayerische Zeitschrift für Politik und Geschichte (2018), S. 4–15.

Vogel, Walter, Westdeutschland 1945–1950. Der Aufbau von Verfassungs- und Verwaltungseinrichtungen über den Ländern der drei westlichen Besatzungszonen. 3 Bde., Koblenz 1956, Boppard 1964 und 1983.

Vogelsang, Thilo, Koblenz, Berlin und Rüdesheim. Die Option für den westdeutschen Staat im Juli 1948, in: Festschrift für Hermann Hempel zum 70. Geburtstag, Bd. 1, Göttingen 1971, S. 161–179.

Weber, Petra, Carlo Schmid 1896–1976. Eine Biographie, München 1996.

Wehner, Gerd, Die Westalliierten und das Grundgesetz. Die Londoner Sechsmächtekonferenz, Freiburg i. Br. 1994.

Weisz, Christoph (Hrsg.), OMGUS-Handbuch. Die amerikanische Militärregierung in Deutschland 1945–1949, München 1994.

Wengst, Udo, Staatsaufbau und Regierungspraxis 1948–1953. Zur Geschichte der Verfassungsorgane der Bundesrepublik Deutschland, Düsseldorf 1984.

- Beamtentum zwischen Reform und Tradition. Beamtengesetzgebung in der Gründungsphase der Bundesrepublik Deutschland 1948–1953, Düsseldorf 1988.
- Die CDU/CSU im Bundestagswahlkampf 1949, in: Vierteljahrshefte für Zeitgeschichte 34 (1988), S. 1–52.
- Thomas Dehler 1897–1967. Eine politische Biographie, München 1997.

Werner, Wolfram, Quellen zur Entstehung des Grundgesetzes. Ein Überblick, in: Aus der Arbeit der Archive – Beiträge zum Archivwesen, zur Quellenkunde und zur Geschichte. Festschrift für Hans Booms, hrsg. von Friedrich P. Kahlenberg, Boppard 1989, S. 646–661.

- Der Parlamentarische Rat, Bestand Z 5, Koblenz 2. Auflage 1994.

Wettengel, Michael, Die Rolle des Sekretariats des Parlamentarischen Rates bei der Erarbeitung des Grundgesetzes, in: Archiv und Geschichte. Festschrift für Friedrich P. Kahlenberg, hrsg. von Klaus Oldenhage, Hermann Schreyer und Wolfram Werner, Düsseldorf 2000, S. 802–831.

Wilms, Heinrich, Ausländische Einwirkungen auf die Entstehung des Grundgesetzes, 2 Bde., 1999 und 2003.

Personenregister

Konrad Adenauer wurde nicht in das Personenverzeichnis aufgenommen.